¿ COMO DIOS CREO AL HOMBRE?

"EL LIBRO DEL TERCER MILENIO"

****

Una copia del Original de esta Hermosa Obra
Que lleva un Eterno Mensaje Espiritual a la Humanidad

**EL AUTOR PROF,: PABLO TRINIDAD ZAVARCE CAMACHO
DEL GRUPO DE INSTRUCTORES DE "CONNY MENDEZ"**

¿ COMO DIOS CREO AL HOMBRE?

"EL LIBRO DEL TERCER MILENIO"

****

Una copia del Original de esta Hermosa Obra
Que lleva un Eterno Mensaje Espiritual a la Humanidad

EL AUTOR Prof,: Pablo Trinidad Zavarce C.
Del Grupo De Instructores De "CONNY MENDEZ"

De la serie de Libros "Psicología Transcendental del CRISTO VIVIENTE" - Depósito Legal ISBN- 980-265-005, Legalización - Dirección de Justicia y Cultos - Ministerio de Justicia No. 1.248 - 04-08-88.

Registrado en la Oficina Subalterna del Segundo Registro del Municipio Iribarren del Estado Lara - Bajo el No. 4-Folios del 1 al 3- Protocolo 1- Tomo 1- Representante Legal - Pablo Trinidad Zavarce Camacho.

El Triángulo Equilátero. Es el Símbolo de "La Trinidad!.
Padre - Hijo Espíritu Santo - Madre.

ADVERTENCIA

CODIGO PENAL (ARTICULO 338)
Todo el que hubiere falsificado o alterado los nombres, marcas o signos distintivos de las Obras del Ingenio, o de los productos de una Industrias cualquiera; y, así mismo, Todo el que haya hecho uso de los nombres, marcas o signos legalmente registrados así falsificados o alterados, aunque la falsedad sea proveniente de un tercero, será castigado con prisión de uno o doce meses.

INDICE

AGRADECIMIENTO

Doy Gracias y Bendiciones a "Mi Presencia de Dios YO SOY" Mi Amado "YO - DIOS - Divino Interior - Anclado dentro del "Altar de mi Corazón - "El Lugar Secreto del "Dios Viviente".

Y a los Amados Maestros Ascendidos:

"JESÚS EL CRISTO" "SAINT GERMAIN" HERMES - DIOS DE LA SABIDUARIA - HILARION - ROWINA - SAN MATEO - SAN JUAN - Por esta Gracia Divina de Revelar a toda la Humanidad. Esta Sabiduría, en esta Hermosa Obra ¡CÓMO DIOS CREO AL HOMBRE?.

EL AUTOR
PROF. PABLO TRINIDAD ZAVARCE CAMACHO
DEL GRUPO DE INSTRUCTORES DE "CONNY MENDEZ".

DEDICATORIA

Dedico Este Libro ¿**COMO DIOS CREO AL HOMBRE**? - A mi Cónyuge - hijos e hijas - Y a todos mis hermanos, en el "Yo - Dios Crístico" Interior de cada individuo, deseándoles que la Sabiduría Divina, los Ilumine y puedan con el uso de la "Buena Voluntad de Dios Padre - Transmutar la naturaleza sensoria animal humana de instintos primitivos, que genera el odio contra el odio, Transformándose en la "Verdadera Naturaleza de Dios Padre - que es Amor Divino - Equilibrio - Armonía y Perfección - del Bien Ilimitado de la Sustancia Universal de "La Vida".

Este Triángulo Mágico del: "Poder - Sabiduría y Amor", dentro del "Altar de tu Corazón - "El Lugar Secreto del Dios Viviente", se transforma, en tú Voluntad - y en tus Poderes Creadores, los "Pensamientos y Sentimientos", que Transmites con tus Palabras - El Verbo que se hace carne, o manifestaciones de formas materiales en tú: Cuerpo - hogar - trabajo - negocios - empresas y finanzas.

Que usado con Sabiduría, puedes obtener "TODO" lo que pudierais Desear, del Reino Inagotable, de la "Substancia Universal de la Naturaleza de "Dios Padre" - La Madre del Mundo, que es "Amor Divino" - "Equilibrio - Armonía y Perfección" - Donde Vivimos - Nos Movemos - Y Tenemos nuestro Verdadero "Yo Superior - El Dios Divino Interior de cada individuo.

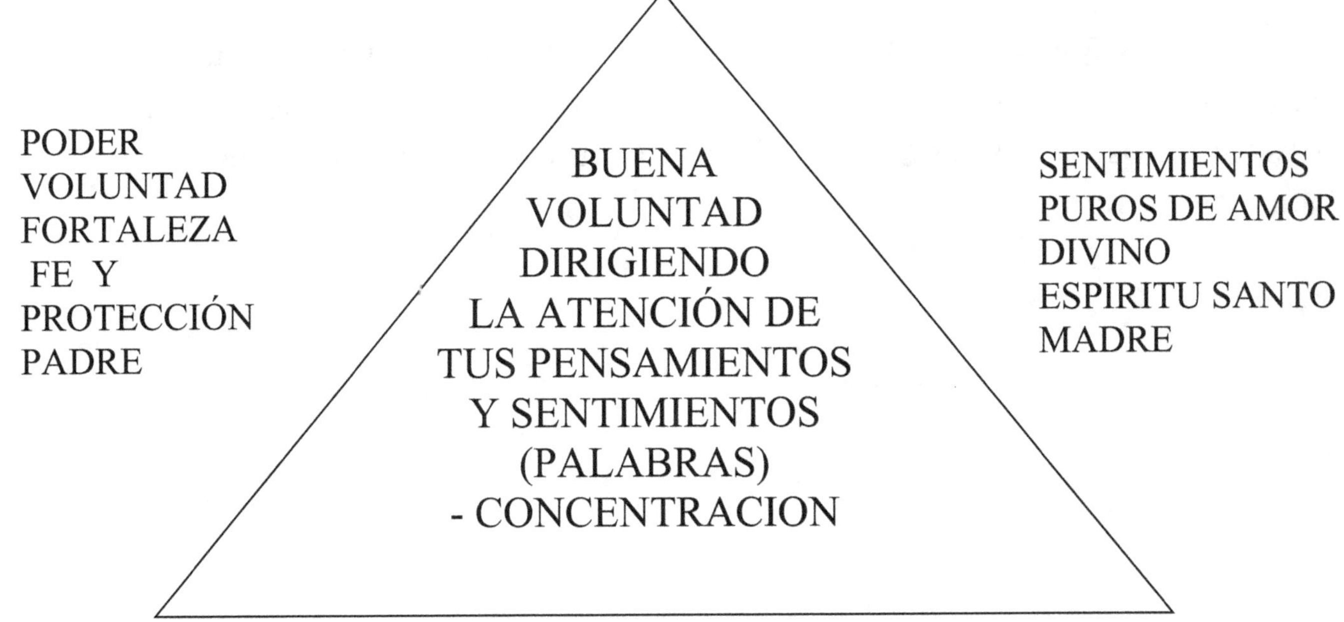

En la "Sagrada Biblia" - Se nos Revela: Que primero fue "El Verbo" - La Palabra o Logos Vivientes - El Pensamiento y Sentimiento - Hablado - Los Poderes Creadores de la "Mente Universal Infinita y Viviente" de "Dios Padre - Madre" expresándose, a través de la "Mente del Individuo".

El Amado Maestro Ascendido "JESÚS EL CRISTO" - Nos Revela en el Evangelio del Amado "San Mateo": "YO TE SIRVO COMO TÚ QUIERAS QUE YO TE SIRVA".

El Pronombre "YO" - Es la Llave Maestra que abre la Puerta al Poder Universal, de "La Suprema" - Voluntad - Fortaleza y Fe de "Dios Padre" - la Abundancia de "TODO BIEN DESEADO".

"TODO LO QUE PIDIETRAIS AL PADRE EN MI NOMBRE CREYENDO QUE LO RECIBISTEIS - SIN DUDAR EN EL CORAZÓN - TE SERÁ CONCEDIDO".

"Todo Individuo: "Piensa - Siente - Decide en su Voluntad y Cree con su Fe" - En el Bien Armonioso Constructivo, o en el mal desarmonioso - destructivo; y lo manifiesta en : su cuerpo y mundo que le concierne.

Al Hombre - Yo - Elemento Mental Masculino - Transmisor con las Palabras, de la Magna Energía Substancia Luz, con que somos dotados por nuestra Amada Presencia de Dios Individualizado "YO SOY" - El Dios Divino Interior de cada Individuo - anclado dentro del "Altar del Corazón - El Lugar Secreto del Dios Viviente - con Libre Albedrío, en la Voluntad para Decidir y en la Fe para Creer o Aceptar lo que nos convenga tener manifestado, en nuestro cuerpo y mundo que nos concierne, le concedió nuestro "Padre - Madre", al Crearlo a "Su Imagen y Semejanza" a nivel "Mental Espiritual Cósmico Crístico", los Poderes Creadores más grandes, en "El Universo" y en la Vida y Mundo del Individuo, los Pensamientos y Sentimientos que Transmitimos con las Palabras - "El Verbo o Logos Viviente", los cuales tenemos que aprender a gobernar y dirigir Conscientemente con nuestra Voluntad Superior Interna, ya que es en el Plano de los Pensamientos y Sentimientos" (Palabras), donde las Leyes que nos rigen Armoniosamente en "El Universo de la Creación Mental", encuentran su aplicación Verdadera.

Dentro del "Altar de tú Corazón" "El Lugar Secreto del Altísimo" Tú Eres - Una Chispa Divina de Luz" de "La Mente Universal Infinita y Viviente, de "Dios Padre - Madre"- Tu puedes desarrollarla y expandirla, para que deje de ser esclavo de la naturaleza sensoria animal humana del instinto primitivos, que genera y transmite en las palabras, el oído contra el oído y sus secuaces: resentimientos - envidias - insultos - egoísmos - celos - orgullo - soberbia - crítica y mala condenación con las palabras, al prójimo y la Vida manifestada por los cuatro Elementos de la Naturaleza de Dios Padre - La Madre del Mundo - Invisibles y Visibles - que es Amor Divino - Equilibrio - Armonía y Perfección - en el Bien Ilimitado de la "Substancia Universal de la "Vida o Dios" que es Infinita y nunca se agota, de donde nos vienen todas las "Riquezas Visibles".

EL AMADO MAESTRO "JESUS EL CRISTO" - NOS MANDA A:

"LIMPIA TU LUGAR SECRETO"
"EL QUE GANARE SU VIDA - LA PERDERÁ"
" Y EL QUE PERDIERA SU VIDA POR CAUSA DE "MÍ" - LA HALLARÁ".

"NIÉGATE A TI MISMO"
"CONOCED LA "VERDAD Y ELLA" OS HARÁ LIBRES"
"   TAL COMO PIENSA UN HOMBRE EN SU CORAZÓN" -
"ASÍ ES ESE HOMBRE"

" LEY DE CAUSA Y EFECTO".

LA CIENCIA SIN LA RELIGIÓN ES COJA
LA RELIGIÓN SIN LA CIENCIA ES CIEGA
"ALBERT EINSTEIN"

PSICOLOGÍA TRANSCENDENTAL O PSICOLOGÍA MÍSTICA DE CRISTO, significa "Unidad de la Ciencia, la Inteligencia Superior y la Religión el "Amor Divino. De la "Mente Infinita Viviente de Dios Padre - Madre y está basada en el estudio y corrección de las Causas presente como creencias en la Mente Femenina - Subconsciente, de las personas, actuando de adentro hacia fuera ".

PSICOLOGÍA TRANSCENDENTAL DE CRISTO, es un enfoque moderno de las manifestaciones mentales, con métodos y técnicas para aprender a afrontar y superar las mayores calamidades materiales que están haciendo crisis agresivas inarmoniosas en el comportamiento fundamental de la humanidad, rescatando los valores intrínsecos del ser humano, haciendo consciente el hecho de que el Hombre tiene en sí mismo las respuestas a sus insatisfacciones, necesidades y frustraciones, transformándose en un ser productivo y exitoso, Capaz de amarse a si mismo y a los demás, y en consecuencia en un generador de cambios y germen de una nueva civilización proyectada en el "AMAOS LOS UNOS A LOS OTROS" a través de la práctica del

"AMOR INTELIGENTE" con la gran Ley Mental Superior de: "NO RESISTAIS AL MAL".

En la "Sagrada Biblia" en el Génesis - Libro Primero de Moisés Capítulo Primero vers.26 - Se nos Revela:

"Hagamos al Hombre a nuestra "Imagen, conforme a nuestra Semejanza", y Señoree en los peces del mar, en las aves de los cielos, en las bestias en toda la tierra, y en todo animal que se arrastra sobre la tierra".

En vers.27 Se nos Revela:
"Y Creó Dios al Hombre a Su "Imagen" a "Imagen" de Dios lo Creó. Varón - Varona lo Creó (con Libre Albedrío)".

En el Libro Quinto de Moisés - Deutoronomio capítulo 5 Ex.20 - 17 en los Diez Mandamientos de la Ley, dados por Moisés ver. 7. Se nos Revela:
"No tendrás dioses delante de Mí".

En el vers.8. se nos Revela:
"No harás para ti "Imagen" alguna de cosa que está arriba de los cielos, ni abajo en la tierra, ni en las aguas debajo de la tierra".

En el vers.9 Se no Revela:
"No te inclinarás a ellas, ni le servirás".

Este diagrama nos Ilustra la Presencia de nuestro "CUERPO MENTAL ESPIRITUAL CRISTICO INTERIOR" que mora en su plenitud de "ENERGÍA - SUBSTANCIA - LUZ", encima de la cabeza, desde donde nos gobierna y rige armoniosamente, con sus Siete Grandes Leyes, en el Universo de la "Creación Mental".

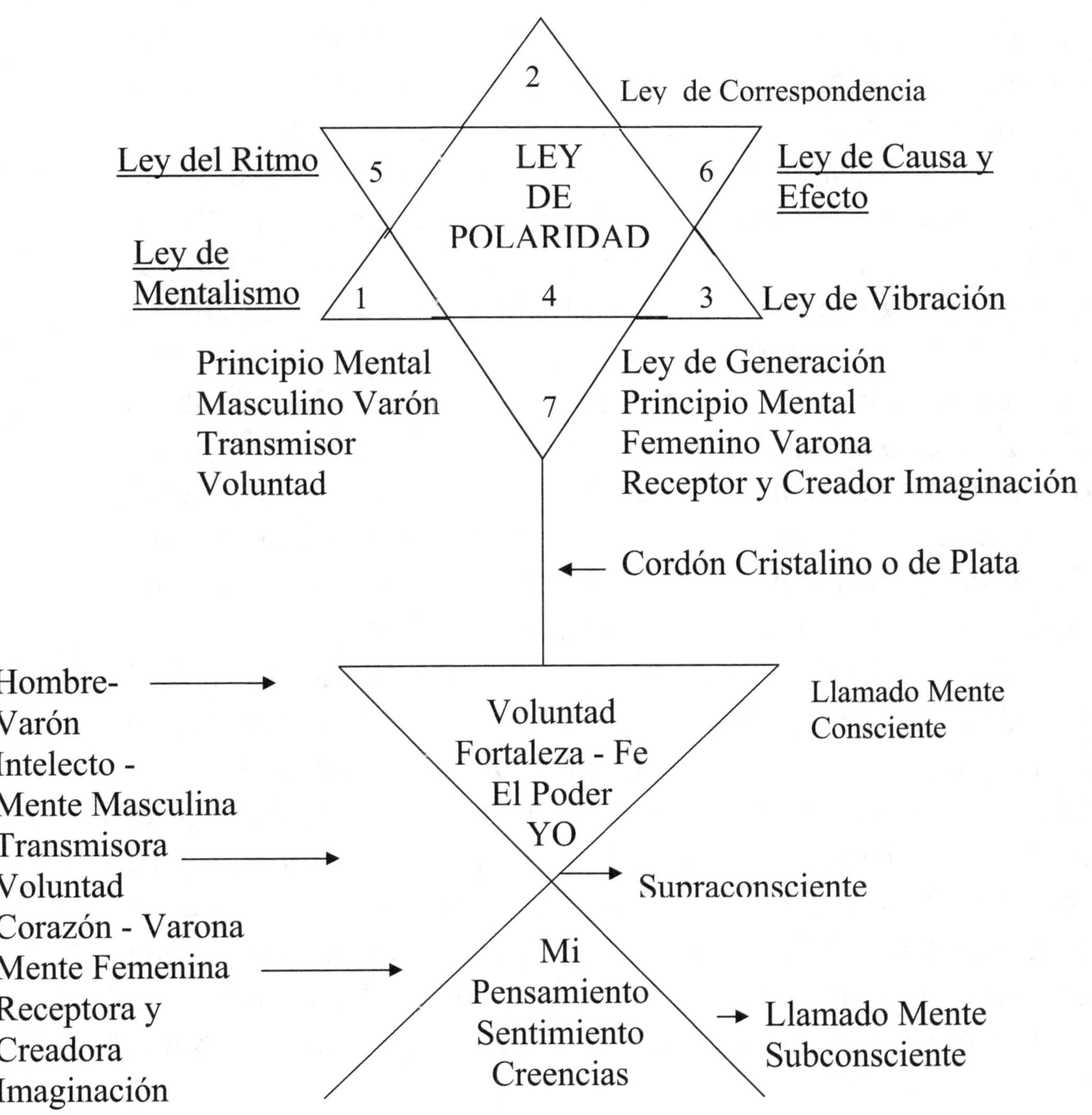

De nuestra Amada Todapoderosa Presencia de Dios Individualizado "YO SOY" - anclado dentro del "Altar del Corazón" - El Lugar Secreto del Altísimo" - llamado también Angel Guardián Protector y Proveedor de todas nuestras necesidades y requerimientos en nuestra Vidas y Mundo que nos concierne, ubicado en su mayor parte de "Energía - Substancia - Luz - encima de la cabeza de todo "Ser Humano" Venido a este Mundo, que genera un "Rayo de Luz" - El Poderoso Cordón Cristalino" (llamado por los Orientales Cordón de Plata) conteniendo La Trilogía Divina del: "Poder - Sabiduría y Amor" - que en "La Mente Universal Infinita y Viviente de Dios Padre - Madre" obran al unísono, generado sólo la Perfección del Bien Ilimitado, de la Substancia Universal de la Naturaleza de "Dios Padre" - La Madre del Mundo - que es Amor Divino - Equilibrio - Armonía y Perfección - que es infinita nunca se agota, de donde nos vienen todas las Riquezas Visibles.

Por el "Libre Albedrío" que nuestro "Padre - Madre" Creados nos dio, cuando nos Creó a "Su Imagen y Semejanza - En la Voluntad para Decidir y en la Fe para Creer, al penetrar por el Poderoso Cordón Cristalino por el tope de la cabeza al Cuerpo Templo del Individuo, se separan, formando los "Dos Grandes Elementos de la Naturaleza de "Dios Padre" - La Madre del Mundo - que es "Amor Divino" - Equilibrio - Armonía y Perfección. Uno - El Intelecto - que representa al Padre, con los Atributos

Divinos de La Voluntad - Fortaleza y Fe - Poder y Protección, por donde se nos dio "Libre Albedrío" en la Voluntad para decidir y en la Fe, para Creer o Aceptar, lo que nos convenga tener manifestado en nuestro: cuerpo - hogar - trabajo - negocios - empresas y finanzas.

Dos - El Corazón que representa a la Madre, con el Atributo Divino de la Imaginación Creadora - a través de los Pensamientos y Sentimientos, donde creamos formas en las "Imágenes del pensamiento" - intensamente Sentidas - que luego veremos manifestadas, en nuestro cuerpo y mundo que nos concierne.

La Teoría Eléctrica del Universo, está adquiriendo rápidamente popularidad y aceptación, deduciéndose que si la "Mente del Hombre" o Yo" ha podido descubrir el fenómeno de la Electricidad en las raíces de sus manifestaciones, esto evidencia la presencia del Género.

La Palabra Género deriva de la raíz latina que significa "Concebir", "Procrear", "Generar", y tiene un significado mucho más amplio que la de sexo, (referencia a las distinciones del plano material, entre los seres, macho y hembra).

Las enseñanzas antiguas identificaron siempre al Principio Masculino del Género con lo Positivo, y al Principio Femenino con lo negativo, como es el caso de la electricidad. Como podemos comprender lo positivo, significa real y fuerte, en comparación con la irrealidad del principio negativo más el polo negativo de una batería es realmente el polo, en y por el cual se manifiesta la generación o producción de formas o energías nuevas. Así nada hay de negativo en él. Los técnicos en la materia, con mayor conocimiento de causa, utilizan la palabra cátodo en lugar de negativo.

La palabra cátodo deriva de la raíz griega que significa "desciende", "recorrido" o "camino de generación". El cátodo es el principio femenino - madre, de los fenómenos eléctricos y de las sutiles formas de materia que la ciencia conoce en la actualidad.

Las enseñanzas científicas dicen que corpúsculos o electrones creadores están compuestos por electricidad negativa.

Los Maestros Ascendidos de la "Verdad del Ser", sostienen que los cátodos están formados por energía femenina. Un corpúsculo femenino se desprende, deja a uno masculino y empieza una nueva carrera. Incluso, busca una unión con un corpúsculo masculino. Esta unificación es la base de la mayor parte de las actividades en el mundo químico. Con la unión de los corpúsculos masculinos y femeninos, empieza determinado proceso, porque las partículas femeninas vibran más intensamente bajo la influencia de la energía masculina, y giran rápidamente en torno a esta última para producir el nacimiento de un nuevo átomo.

El papel del principio masculino es el de dirigir cierta energía inherente hacia el principio femenino, poniendo así en actividad el proceso creador, pero el trabajo activo creador está destinado al principio femenino en los planos:

Físico - Mental y Espiritual, siendo incapaz cada principio de Energía operadora sin la ayuda del otro.

<h1 style="text-align:center">CAPITULO I
"Hombre - hombre"
"CONÓCETE A TI MISMO"</h1>

"EN LA SAGRADA BIBLIA", EN EL GENESIS" "LIBRO PRIMERO DE MOISES" VERS. 26 Y 27 - SE NOS REVELA:

"HAGAMOS AL HOMBRE A NUESTRA "IMAGEN" - CONFORME A NUESTRA - "SEMEJANZA" - " Y SEÑOREE EN LOS PECES DEL MAR" - " EN LAS AVES DE LOS CIELOS" - "Y EN TODO ANIMAL QUE SE ARRASTRA SOBRE LA TIERRA".

EN EL VERSÍCULO 27 - SE NOS REVELA:
"Y CREÓ DIOS AL HOMBRE A SU IMAGEN A "IMAGEN DE DIOS LO CREÓ". (CON LIBRE ALBEDRIO).

LA PALABRA "Hombre" significa "YO" - Todos los "Seres Humanos - Tenemos "Dos YO" - Un YO Superior y un Yo Inferior - Cuando "La Sagrada Biblia", fue escrita, las almas de los seres humanos en "Evolución", no habían alcanzado el "Derecho Divino", de "Conocer" Su Verdadero "YO Superior" - "El Dios Divino Interior de cada Individuo" - que es la Perfección - Equilibrada - Armoniosa y Constructiva, de "DIOS- PADRE - MADRE", expresándose a través de la "Mente y Cuerpo del Individuo " - en los

Poderes Creadores más grandes en "El Universo y en la "Vida y Mundo del "Ser Humano" - Los Pensamientos y Sentimientos - que Transmitimos con las Palabras" -

"El Verbo o Logos Viviente" - que se hace carne, o manifestaciones de formas materiales, en el: cuerpo - hogar - trabajo - negocios - empresas y finanzas del "Ser Humano".

El "Pensamiento contiene la forma de la "Imagen" contenida en el, siendo por esta "Causa", que toda forma manifestada en lo físico, tiene un Pensamiento definido que la respalda.

El Sentimiento contiene "La Luz" que le da la Vida, y obliga a la forma de la "Imagen" contenida en el "Pensamiento" manifestarse en lo físico, No pudiendo ninguna forma de la "Imagen" contenida en el "Pensamiento" manifestarse en lo físico, si no va precedida del "Sentimiento" - Siendo el mucho Sentimiento - Armonioso - Constructivo - Positivo - lleno de "Entusiasmo" - quien hace el Milagro y manifiesta nuestro "Deseo" por un mejor Bien, en nuestras "Vidas y Mundo" para nuestro uso.

El "Sentimiento "Causa" - Tres veces más manifestaciones que el "Pensamiento". Porque es " EL REINO DE LOS CIELOS O REINO DE LA "LUZ" - QUE EL AMADO MAESTRO ASCENDIDO "JESUS EL CRISTO" NOS REVELA EN EL "GRAN SERMON DEL MONTE" - EN EL EVANGELIO DEL AMADO MAESTRO "SAN MATEO - CUANDO NOS DICE: "NO DIGAIS HELO AQUÍ O HELO ALLÍ. "PORQUE DENTRO DE VOSOTROS ESTÁ EL REINO DE LOS CIELOS".

"MÁS BUSCAD PRIMERAMENTE EL "REINO DE LOS CIELOS Y SU JUSTICIA". Y TODAS LAS DEMÁS COSAS OS SERÁN DADAS POR AÑADIDURA".

En todos los "Seres Humanos" existen "Dos Grandes Elementos de la Naturaleza de "Dios Padre". La Madre del Mundo - Que es Amor Divino - Uno. El Intelecto que representa al "Padre" con los Atributos Divinos de: "La Voluntad - Fortaleza - Fe- Poder y Protección - por donde se nos dio "Libre Albedrío" - En la Voluntad para Decidir y en la Fe - para Creer o Aceptar lo que nos convenga tener manifestado, en nuestro "Cuerpo y Mundo" que nos concierne.

Dos. El Corazón que representa a "La Madre" donde generamos los "Sentimientos" Puros de "Amor Divino" de la Verdadera Naturaleza de "Dios Padre" que es Equilibrio - Armonía y Perfección" o los sentimientos de discordia, generados por el odio contra el odio, de la naturaleza sensoria animal humana de instintos primitivos, que los usa a ambos.

Desde la caída del "Hombre - Intelecto_ "YO", EN EL OSCURANTISMO, POR EL MAL USO DEL LIBRE ALBEDRIO" en su Voluntad, calificó con sus "Palabras" "El Verbo" a la "Substancia Universal, de la Naturaleza de Dios, como algo limitado y destructivo, formado en su "aura" y en el "aura" que rodea al Planeta, un falso dios de este mundo material-tiránico y destructivo al que se refiere el Amado

Maestro "JESÚS EL CRISTO" - Cuando Nos Dice: "El dios de este mundo viene a MÍ y no encuentra en que asirse.

Para poder Comprender la "Simbología" que se nos Revela en "El Génesis" Libro Primero de Moisés" "Capítulo Primero" vers. 26 y 27.

Tenemos que "Conocer y Comprender" que el cuerpo físico, es un cuarto de cada "Ser Humano", ya que todos poseemos, un "Cuerpo Emocional, por donde generamos los Sentimientos y Deseos" en correspondencia con el "Elemento Agua".

Así como el Planeta está hecho de "Tres" partes de agua, - y uno de Tierra, así nuestro "Cuerpo Físico", está hecho de "Tres" partes de "Líquido y uno de Carne".

Al elevarnos al "Plano Mental Espiritual", Sabemos que estamos hecho de "Tres partes" (75%) de Sentimiento, y "Una parte (25%) de Pensamiento, siendo por esta "Causa" que el sentimiento de discordia agarra a cada rato al Pensamiento y lo lleva a la discordia y lo transmite, en las palabras hacia sí mismo - familiares y prójimo en general.

Un "Cuerpo Mental, por donde generamos los "Pensamientos - Mente Perceptiva" en Correspondencia con el "Elemento" - Aire".

El Aire Corresponde al Plano Mental - Los Pensamientos - El Aire los Sentimientos, pero no lo podemos ver con la vista Física - Nuestro cerebro al igual que los sentidos materiales: Vista - oído - olfato - gusto y tacto, están hechos para captar en "Tres Dimensiones", mientras que el "Pensamiento" pertenece a la "Cuarta Dimensión" - que al igual que el Aire lo "Sentimos", pero no lo podemos ver con la vista física.

El Fuego está en Correspondencia con el "Cuerpo Etérico - o Eteres" que rodean al "Cuerpo - Físico - Formando nuestra "Aura" - donde "Pensando - Sintiendo - Hablando" - realizamos nuestras "Creencias, en el Bien - Armonioso - Constructivo o en el mal - desarmonioso - desctructivo - Existiendo allí fragmentos de la Mente Subconsciente y Supraconsciente, así como el "Diseño Interior de la Vida - donde se encuentran los - Dos Elementos Mentales Espirituales" - Varón - Masculino - Transmisor - Voluntad - y Varona - Femenino - Receptor - Imaginación - Como fuimos Creados a: "Imagen y Semejanza de "Dios PADRE - MADRE"- con Libre - Albedrío.

Así podemos "Comprender" - que el "Hombre" o "YO" - Creado a Imagen y Semejanza del "YO SOY" Universal. "EL TODO EN TODO" - no se refiere a la personalidad humana - que obra a través de los cinco sentidos materiales que al igual que el humano, poseen los animales.

Estos "Cuatro Cuerpo" - "Físico - Emocional - Mental y Etérico" que forman el Ser Humano fueron Creados con la misma "Energía - Substancia - Luz" de la Vida Inteligente, conque fueron Creados los "Cuatros Elementos de la Naturaleza - La Madre del Mundo - que es "Amor Divino" - Equilibrio - Armonía y Perfección: "Tierra - Agua - Aire y Fuego" - sin los cuales, no existiría "Vida Manifestada en el Planeta siendo por esta "Causa" que existe una Correspondencia, entre los "Cuatro Elementos de la Naturaleza de "Dios Padre" - "La Madre del Mundo" - que es "Amor Divino" - Equilibrio - Armonía y Perfección. Donde Vivimos - Nos Movemos y Tenemos nuestro Verdadero "Yo- Dios - Divino Interior. Anclado dentro del "Altar del Corazón" - "El Lugar Secreto del "Dios Viviente" - que no se ha llegado a desarrollar, por el mal uso del Libre Albedrío" - en la Voluntad - en el "Centro Laringeo, En la raíz de la lengua - con las palabras destructivas de creencias de las apariencias del mal - degradando en Vibración, al Espíritu Santo - Sentimientos de Puro Amor Divino - en odio de la naturaleza sensoria animal humana de instintos primitivos. Causa de todo el dolor y sufrimiento humano.

Para poder recibir "La Energía - Substancia - Luz, de nuestra "Amada Todapoderosa Presencia de Dios Individualizado "YO SOY" "El Yo Dios" Divino Interior de cada Individuo, ubicado encima de la cabeza de nuestro "Cuerpo Templo - donde mora dentro del "Altar del Corazón" - "El Lugar Secreto del "Dios Viviente". Tenemos que "Disciplinar - Purificar y Perfeccionar, los "Cuatro Cuerpo que forman al Ser Humano: Físico - Emocional - Mental y Etérico.

Y una gran ayuda, es el deber que tenemos todos, es el de generar "Amor - Gratitud y Bendiciones, a las "Fuerzas de la Vida del Reino Elemental de Luz de Fuego - Las Amadas "Salamandras" del "Fuego Sagrado" del Espíritu Divino, representado por la "Luz del Sol" " El Astro Rey" - Del Aire - con sus "Amados Mensajeros" Los Amados Silfos del Elemento Aire - Del Agua - con sus Amados Mensajeros - del Elemento Agua - las Amadas Ondinas. De la Tierra - con sus "Amados Mensajeros" Los Amados "Gnomos" del Elemento Tierra - "Invisibles y Visibles": por su Servicio desinteresado que prestan a la Humanidad y a toda la Vida manifestada, a través de centurias, siendo por esta Causa que "La Substancia Universal" de la Naturaleza de "Dios Padre" con sus "Cuatro Elementos" obedece incondicionalmente a la "Voluntad y Fe" del Individuo, con el uso que hacemos, de nuestros "Poderes Creadores, los Pensamientos y Sentimientos", que transmitimos con las "Palabras" - El Verbo - o Logos Vivientes" - que se hace carne o manifestaciones de formas materiales, en el "Cuerpo y Mundo del Individuo".

La Vida, es Vibración - El Universo es Dinámico, la inercia es muerte. Todo lo que el individuo percibe a través de sus sentidos físicos: Vista - oído - olfato - gusto y tacto, no es otra cosa que la infinita Variedad de la Vibración - Este "Principio - o Ley".

Opera en todos los "Planos de la Vida" - Espiritual - Mental y Material. Por ejemplo, en el "Plano Mental", en el "Amor y el odio". Dos estados "Vibratorios Mentales", completamente distintos, sin embargo solo dos gradaciones de "Vibración Mental".

Por lo tanto, si la Vibración, es siempre una con diversas formas de expresión, es posible que sea transformada - aumentada o disminuida, en sus ritmos por la "Voluntad Auto - Consciente del Intelecto del Individuo".

Todas las religiones, todas las doctrinas, todos los credos, en su esencia, no hacen otra cosa que entregar normas y disciplinas que transforman al Hombre - Yo- Varón - Elemento Mental - Masculino - Voluntad - y Elemento Mental - Femenino - Varona - Imaginación Creadora - de un ser inferior, en un "Ser Superior" - mediante "La Transmutación Vibratoria Mental" - que implica la Comprensión de nuestra Constitución Intima y la del Universo.

Por ignorar la "Verdadera Naturaleza, de Dios Padre" - "Y del Hijo Creado a "Imagen y Semejanza - de Dios - que somos cada uno de nosotros, con Libre Albedrío"; equivocamos el camino de la evolución de nuestras almas, transformando al Amor Divino- o Espíritu Santo en el odio generado por la naturaleza sensoria animal humana de instintos primitivos transformando - La Buena Voluntad o Voluntad de Dios Padre, en mala voluntad, debilidad física y mental y mala fe, que es el falso dios de este mundo en que la humanidad ha vivido y rendido tanto culto, destruyéndose los unos a los otros a través de los siglos, al igual que los animales de la selva.

Así podemos Comprender que en "La Voluntad - Fortaleza y Fe" que forma dentro de nuestra Consciencia (Pensamientos y Sentimientos), el Verdadero "Hombre - YO Superior" - El Dios Divino Interior de cada Individuo. Se nos dio "Poder y Dominio" en la Voluntad, sobre los peces del mar. El agua del mar es salada - amarga - El agua representa el Cuerpo Emocional, por donde generamos los Sentimientos.

Así Dios Padre, nos dio "Poder y Dominio en la "Voluntad - Fortaleza y Fe Superior Interna" sobre los peces del mar, o sentimientos de discordia, generados por el odio contra el odio y sus secuaces: resentimientos - insultos - envidias - egoísmo - celos - crítica - y mala condenación, al prójimo y a la Vida en todas sus manifestaciones.

Y "Dios Padre" - nos dio Poder y Dominio, en la "Voluntad - Fortaleza y Fe Superior Interna" - sobre las aves de los cielos. El Aire representa al "Cuerpo Mental" Pensamiento.

Así "Dios Padre", nos dio "Poder y Dominio" en la "Voluntad - Fortaleza y Fe", sobre las aves de los cielos o pensamientos flotantes del ambiente mental externo, de instintos primitivos - o subconsciente colectivo, generado por la naturaleza sensoria animal humana de instintos primitivos del odio contra el odio, y sus secuaces.

La atmósfera mental psíquica o subconsciente colectivo que rodea al aura del planeta, está colmado por legiones de pensamientos y sentimientos, de creencias en: discordias enfermedades - desamor - pobreza - accidentes - crímenes - robos - egoísmo - celos - envidias - etc.

Estas legiones de pensamientos y sentimientos no tienen vida propia, sino la que la misma persona le da, alimentándolos y dándoles Vida, a través de la atención de sus Poderes Creadores, los Pensamientos y Sentimientos (Palabras), siendo el ladrón al que se refiere "El Amado Maestro Jesús". Cuando Nos Enseña: - "Velad - Velad - para que el ladrón, no entre de noche - El único Atributo Divino que puede "Velar o Cuidar" para no ser influenciados por estos pensamientos y sentimientos rastreros, es "El Atributo Divino, de la Voluntad Interior - o Voluntad de Dios Padre".

Y Dios Padre, nos dio "Poder y Dominio, en la "Voluntad Superior Interna", sobre las bestias y sobre todo animal que se arrastra sobre la tierra.

Así Dios Padre, nos dio Poder y Dominio, en la Voluntad Superior Interna sobre todas las creencias rastreras destructivas de las apariencias del mal, generadas por la naturaleza sensoria animal humana de instintos primitivos que genera el odio contra el odio y sus secuaces.

Al Hombre - YO- Voluntad, se le concedió el "Poder Consciente del Pensamiento". Esta Fuerza es Elemental y todos sus Atributos están sujetos a la "Voluntad - Fortaleza y Fe" Superior Interna del Individuo.

Siendo "El Universo Mental" y "La Creación Obra, del Pensamiento y Sentimiento, de La Mente Universal Infinita y Viviente de "Dios Padre - Madre", es evidente que existe una "Ley" de relación, entre El Creador y lo Creado - y comparte "Sus Atributos Divinos" - Así debemos "Comprender" las relaciones "Mentales Espirituales Superiores que existen, entre nuestro "Creador" y nosotros sus Hijos.

Así al unir nuestra Voluntad externa del Intelecto, con La Suprema Voluntad de Dios Padre para que gobierne en el Corazón sobre el Intelecto hacemos entrega del Libre Albedrío que nos dio en la Voluntad - Nos sentamos en el "Trono de "La Suprema Voluntad - Invencible - Conquistadora y Victoriosa que Gobierna Todo en El Universo. Y la Fuerza Elemental del Pensamiento, se somete al Gobierno y Dirección, de La Voluntad - Fortaleza y Fe" del Individuo para lograr: Salud - Amor - Paz - Armonía - Exitos - Riquezas y Felicidad, en nuestras Vidas y Mundo que nos concierne.

"EL HOMBRE - YO - ES UN MICROCOSMO REGIDO POR LEYES - AL IGUAL QUE EL MACROCOSMO" - YO SOY - EL QUE YO SOY - EL TODO EN TODO.

Todo "El Universo" se manifiesta, es por la descarga de "Energía - Substancia - Luz" en Vibración, la cual es "La Vida - Pura - Divina y Perfecta" - que por el "Libre Albedrío", obedece incondicionalmente a la "Voluntad y Fe", del Elemento Mental Masculino - Transmisor - del "Ser Humano" - que representa al Padre, para el Bien - Armonioso - Constructivo - generado por la Verdadera Naturaleza de "Dios Padre" - "La Madre del Mundo - que es "Sentimiento Puro de Amor Divino - o para el mal - desarmonioso - destructivo - generado por la naturaleza sensorial animal humana, de instintos primitivos - que genera y transmite en las palabras, el odio contra el odio y sus secuaces - Causa de todo el dolor y sufrimientos humanos - de animales y plantas.

El Amado Maestro "JESUS EL CRISTO" - Nos Revela:
"YO TE SIRVO COMO TU QUIERAS QUE "YO TE SIRVA"
"LIBRE ALBEDRIO"

El Pronombre "YO" - es la válvula secreta que abre la "Puerta" "AL PODER UNIVERSAL DE LA SUPREMA VOLUNTAD Y FE" DE DIOS PADRE "DENTRO DEL ALTAR DEL CORAZON" - "EL LUGAR SECRETO DEL DIOS VIVIENTE: LA ABUNDANCIA DE TODO BIEN DESEADO - PARA QUE GOBIERNE - LA VOLUNTAD Y FE DE DIOS PADRE DENTRO DEL ALTAR DEL CORAZON SOBRE EL INTELECTO.

"YO" PUEDO - POR EL PODER

"YO" QUIERO - POR EL QUERER

"YO" SÉ POR EL SABER

"YO" CALLO - MI CONSCIENCIA SENSORIA HUMANA EXTERNA. PORQUE "YO SÉ" QUE NO TIENE NINGUN PODER - NI VIDA AUTO - SOSTENIDA - POR LA SUPREMA "VOLUNTAD Y FE DE DIOS PADRE".

En el Evangelio del Amado Maestro Ascendió "San Juan", aparecen las Palabras - "Hombre - hombre" escritas con Mayúsculas y Minúsculas. Esto es un Símbolo que se refiere a los "Dos Yo" que todo ser Humano posee. Un "Yo Superior - Hombre" - o Presencia de Dios Padre Individualizado "YO SOY", y un Yo inferior - hombre- intelecto - Mental Finito - que representa al Padre con los Atributos de "Dios Padre" "La Voluntad - Fortaleza - Fe y Poder, por donde se nos dio "Libre Albedrío", para vivir en el Plano de la Materia - que equivocó el camino de la evolución de su alma, guiándose por la naturaleza sensoria animal humana de instintos primitivos, a través de los cinco sentidos materiales externos limitados - que al igual que el humano, poseen los animales de la selva que juzga por las apariencias del mal, generando y transmitiendo en sus palabras, el odio contra el odio y sus secuaces, causa de todo el dolor y sufrimiento humano.

La Palabra "Hombre" con Mayúscula se refiere a nuestro "Yo Mental Espiritual" - El Dios Divino Interior de cada Individuo que en su mayor parte de - "Energía -

Substancia - Luz" se encuentra ubicada encima de la cabeza que todos los seres Humanos poseemos, no importando las apariencias que el alma de ese individuo, pueda estar expresando en estos momentos de su evolución.

Esta Presencia del "Dios Divino Interior" de cada Individuo "YO SOY", ha sido llamado también "Angel Guardián" - Protector y Proveedor, de todas nuestras necesidades y requerimientos. Y es el Nombre de Dios dado a Moisés en el Sinaí, en el Cerro de Horeb - que se nos Revela en el "Antiguo Testamento". Respondiendo - "La Presencia del Dios Divino Interior Individualizado en Moisés le dijo: "YO SOY" - EL QUE YO SOY" y Dijo: "Así dirás a los Hijos de Israel. "YO SOY" me envió a vosotros. Este es "Mi Nombre" para Siempre, y con "ÉL", se me recordará por "Todos los siglos".

Y es el Nombre de Dios, dado por EL AMADO"JESUS EL CRISTO", en el "Nuevo Testamento", en el Evangelio del Amado Maestro Ascendido "San Juan":
"YO SOY " LA LUZ DEL MUNDO
"YO SOY " "EL CAMINO - LA VERDAD Y LA VIDA".
"YO SOY" "LA RESURRECCIÓN Y LA VIDA".
"YO SOY" " LA PUERTA ABIERTA QUE NINGUN HOMBRE PUEDE CERRAR".
"YO SOY" " EL BUEN PASTOR" - "ETC.".

"LA PALABRA SER - SIGNIFICA:

LA PRESENCIA PURA - DIVINA Y PERFECTA DE DIOS.

Así analizado gramaticalmente "EL VERBO SER ES": "YO SOY" - "TÚ ERES" - "ÉL ES".

Así El Gran Fíat Creador de la Palabra Divina "YO SOY". Es para calificar con las "Palabras" El Verbo Ser - O Logos Vivientes - que se convierte en carne, o manifestaciones de formas materiales en él: Cuerpo - hogar - trabajo- negocios - empresas y finanzas del Individuo, en armonía a lo que cada Individuo Decida en su Voluntad y Crea con su Fe, lo que la "Vida o Dios", significa para él, en el Bien - Armonioso - Constructivo, de la Verdadera - Naturaleza de Dios Padre - La Madre del Mundo - que es Amor Divino - Equilibrio - Armonía y Perfección. O en las apariencias del mal - destructivo - desarmonioso - generadas por las discordias y limitaciones, del odio contra el odio y sus secuaces, de la naturaleza sensoria animal humana de instintos primitivos, a través del mal uso de la Voluntad, en tus Poderes Creadores, los "Pensamientos y Sentimientos" (Palabras) El Verbo - Ser o Logos Viviente.

"TÚ ERES" - Es para calificar con las Palabras, a la Vida o Dios, en la Segunda Persona.

"ÉL ES" - para calificar en las Palabras, a la Vida o Dios en la Tercera Persona".

Nosotros los "Seres Humanos" debido a nuestras Amada Presencia Todopoderosa de Dios Individualizado "YO SOY" El Dios Divino Interior de cada Individuo, anclado dentro del "Altar de nuestros Corazones, somos Verdaderamente "Seres Divinos Creados a "Imagen y Semejanza de Dios. Y debido a esta "Causa", cada uno es responsable, de cada actividad, de nuestros "Poderes Creadores". Los Pensamientos y Sentimientos, que generamos y transmitimos con nuestras "Palabras" El Verbo - hacia uno mismo - nuestros familiares - amigos y prójimo.

Así Comprendemos que si él "Ser Humano" desea su completa y feliz Liberación, de todas las apariencias destructivas del mal que lo hacen infeliz, tenemos que hacernos "Auto - Conscientes", en la Voluntad y en la Fe, y comprender que cada Individuo es la única Causa de todas las experiencias en su diario vivir. Así si la persona es perturbada, él es su propia perturbación debido a que con el mal uso del "Libre Albedrío", en su "Voluntad", de sus "Poderes Creadores" los "Pensamientos y Sentimientos" que transmite en sus "Palabras" - El Verbo - O "Logos Viviente", el degrada en vibración su "Energía - Substancia - Luz, que le es dada - "Pura - Divina y Perfecta" por la Presencia de su "YO - Dios Divino Interior" ubicado encima de su cabeza.

Él "YO Superior Cristico" El Dios Divino Interior de cada Individuo, anclado dentro del "Altar del Corazón - es el Verdadero "Hombre - o YO" - Creado a "Imagen y Semejanza" de "Dios o YO SOY".

Es una "Chispa Divina de Energía - Substancia - Luz" - Una gota en el océano del Ser - o "YO SOY", y como tal es con "EL" - " "Uno en Energía - Substancia - Luz, y comparte sus "Atributos Divinos" - Es en "EL YO Superior Cristico, anclado dentro del "Altar del Corazón - El Lugar Secreto del Dios Viviente" de Todo Individuo, donde reside "Todo el Poder- Sabiduría y Amor Divino" - formando la "Consciencia o Alma del Ser Humano".

Todo lo que queda por debajo del "YO Superior Cristico, de cada Individuo, es inconsciente y totalmente mecánico en su acción todo lo demás del ser humano muere, o es descartado por "EL YO Superior Cristico - en su vuelo hacia "La Libertad - o Inmortalidad Perfecta."

Si no fuera por la estadía del "YO Superior Cristico" - anclado dentro del Altar del Corazón - de cada individuo - que es la "Presencia del Espíritu Divino" - de Dios "Padre - Madre", en estas regiones de la materia, no tendría necesidad de ninguno de sus instrumentos de expresión, de cuerpos: físico - Emocional - Mental - y Etérico.

El "YO Superior Cristico - o Espíritu Divino del "Fuego Sagrado" de "Dios Padre - Madre", dentro del "Altar del Corazón" - "El Lugar Secreto del Altísimo". Lo forma - "La Llama Trina Inmortal de la Eterna Vida - "Poder - Sabiduría y Amor Divino" que obran al Unísono, nuestro sello Eterno de Vida, donde existen fragmentos del "Supraconsciente - Elemento Mental Espiritual - Masculino Transmisor, con los Atributos Divinos, de la "Fortaleza - Fe - Poder y Protección de la "Suprema Voluntad de Dios Padre" y Elemento Mental Espiritual Femenino - Imaginación Creadora - Receptora - sin "Voluntad - Fortaleza y Fe propia, ni Poder para discriminar entre el Bien - Armonioso - Constructivo - generado por el "Amor Divino" o en el mal- desarmonioso - destructivo - generado por la naturaleza sensoria animal humana de instintos primitivos - que genera y transmite, el odio contra el odio y sus secuaces, causa de todo dolor y sufrimiento humano - animales y plantas.

Esta es la "Causa", por lo que "El Amado Maestro "JESUS EL CRISTO" - Nos Manda a: "VELAD - VELAD" - PARA QUE EL LADRON NO ENTRE DE NOCHE".

Lo que llamamos "ESPIRITU SANTO - es la parte de la Vida que conocemos como "Sentimiento". Es la Actividad del "Amor Divino o expresión Materna de Dios Padre". Su Verdadera Naturaleza, siendo por esta "Causa" que se nos Revela en "La Sagrada Biblia" que el pecado contra el " Espíritu Santo" - "Sentimientos de Puro Amor Divino" - Positivos - Armoniosos - Constructivos, trae tantos tormentos a los seres humanos. Porque cualquier discordia en los Sentimientos, generado por el odio contra el odio y sus secuaces, de la naturaleza sensoria animal humana de instintos primitivos - rompe o viola - "La Magna Ley Universal del Amor Divino" - Que es "La Ley" del Equilibrio - Armonía y Perfección del "YO - Dios - Divino Interior de cada Individuo - anclado dentro del Altar del Corazón - El Lugar Secreto del Dios Viviente.

El crimen más grande que cometemos los seres humanos, es contra "La Ley del Amor Divino". Y es la incesante generación de la discordia en los sentimientos, transmitiendo con las palabras, el odio contra el odio de la naturaleza sensoria animal humana de instintos primitivos, hacia uno mismo - familiares - amigos y prójimo en general, como hacia la Vida manifestada por los cuatro Elementos de la Naturaleza de Dios Padre - La Madre del Mundo que es "Amor Divino" - Equilibrio - Armonía y Perfección - que es la peor contaminación ambiental que rodea el "Aura" del ser humano y el "Aura" del Planeta; y que hasta ahora ningún ambientalista le haya dado ninguna importancia y lo ven como si fuera algo normal, cuando la discordia en los sentimientos es la causa de todo dolor y sufrimiento humano, de animales y plantas.

El Amado Maestro "JESÚS EL CRISITO" NOS REVELA EN EL EVANGELIO DEL AMADO MAESTRO "SAN JUAN"
"DIOS ES AMOR DIVINO - Y EL QUE
MORA EN EL AMOR DIVINO - MORA
EN DIOS Y DIOS EN ÉL".
"SI NO PERDONAREIS LOS
ERRORES A VUESTROS HERMANOS
VUESTRO PADRE CELESTIAL NO
PERDONARA LOS VUESTROS".

En el Evangelio del Amado Maestro "San Mateo". Un Discípulo le pregunta al Amado Maestro "JESÚS EL CRISTO".

¡ Maestro! ¿CUÁL ES EL MANDAMIENTO MÁS GRANDE DE LA LEY DEL "AMOR DIVINO?"
Y EL AMADO MAESTRO ASCENDIDO
"JESUS EL CRISTO" - LE RESPONDE:
EL MANDAMIENTO MÁS GRANDE
DE LA LEY DEL "AMOR DIVINO" ES:
   "AMARAS AL SEÑOR TÚ DIOS
DE TODO TU CORAZON" - " DE TODA
TU ALMA" - "DE TODA TU MENTE"-
" Y DE TODA TU FUERZA"".
   Y EL SEGUNDO IGUAL AL
PRIMERO ES:
   "AMARAS A TU PROJIMO
COMO A TI MISMO"
   "DE ESTOS DOS MANDAMIENTOS DEPENDE EL CUMPLIMIENTO DE TODA LA LEY DEL AMOR DIVINO".

Darle expresión en las "Palabras" "EL VERBO" - o "LOGOS VIVIENTE" - que se hace carne, o manifestaciones de formas materiales en el: cuerpo - hogar - trabajo - negocios- empresas y finanzas del ser humano, a los sentimientos irritados de discordia del odio contra el odio y sus secuaces, de la naturaleza sensoria animal humana de instintos primitivos, es la puerta ancha y el camino espacioso que lleva a la perdición de la felicidad que nos Revela "El Amado "JESÚS EL CRISTO" EN EL "SERMÓN DEL MONTE" EN EL EVANGELIO DEL AMADO MAESTRO: "SAN MATEO" - Porque es el camino espacioso y la puerta ancha, donde no se necesita ninguna clase de "Disciplina" "Mental - Emocional", para mantener con la Voluntad - "Auto - Consciente", a los Sentimientos Armonizados a toda costa, con la "Maestría del "Auto - Control" de la discordia en los sentimientos. Y es la actividad común de la naturaleza sensoria animal humana de instintos primitivos, en todos los seres humanos, sin desarrollo Espiritual - indisciplinados - y voluntariosos - que se niegan a comprender y practicar en sus Mentes, la "Magna Ley del "Amor Divino" - que es la "LEY DE SU "YO DIOS - DIVINO INTERIOR con que se rige la "Verdadera Naturaleza" de Dios Padre" en el "Universo de la "Creación Mental", en tus "Pensamientos y Sentimientos" - (Palabras) - que son tus "Poderes Creadores" de tu "Yo - Dios - Divino Interior"; y por la pereza mental, no quieren activar su "Fuerza de Voluntad Superior Interna", para "Disciplinar" su naturaleza sensoria animal humana de instintos primitivos que le genera y transmite en sus palabras, la discordia del odio contra el odio y sus secuaces, ya que esto es el "Camino Estrecho" y la "Puerta Angosta" que lleva a la Vida Feliz. Y que muy pocos encuentran que nos Revela, en el "Sermón del Monte" El Amado Maestro Ascendido. "JESÚS EL CRISTO".

Al principio esta "Disciplina" del "Auto - Control" de la discordia en los Sentimientos, llegando a mantener con la Voluntad Auto - consciente en el Individuo, a los Sentimientos Armonizados a toda costa, se hace necesario la práctica de "VELAD- VELAD - PARA QUE EL LADRÓN NO ENTRE DE NOCHE" - que nos Manda a realizar - "El

Amado Maestro". JESÚS EL CRISTO - en el "Gran Sermón del Monte, en el Evangelio del Amado Maestro "San Mateo".

Esto nos hace Comprender que el ejercicio de la Voluntad en nuestras Mentes, es lo que nos permite evitar ser influenciados por los falsos conceptos o creencias destructivas, de la naturaleza sensoria animal humana de instintos primitivos, del odio contra el odio y sus secuaces - que es el ladrón que nos roba nuestra "Energía Divina- en su oscuridad - densa y tenebrosa, haciéndonos esclavos de ella, y destruyéndonos, en nuestro cuerpo y mundo que nos concierne.

Lo que está en "LEY" en estos momentos, es que todos juntemos nuestra Voluntad del Intelecto - con "La Suprema" VOLUNTAD DE DIOS PADRE - en "UNA SOLA VOLUNTAD - LA DEL BIEN OMNIPOTENTE - para que gobierne - "La Voluntad de "Dios Padre" en el Corazón Sobre el Intelecto - en una sola VOLUNTAD - LA ABUNDANCIA DE TODO BIEN DESEADO - Entrega Consciente del "Poder" que se nos dio en el libre Albedrío en el Intelecto que representa al Padre.

No importa cuanta práctica tengamos que hacer con la "Voluntad Superior Interna", para lograr Disciplinar nuestra naturaleza sensoria animal humana de instintos primitivos, para no dejar expresar en las Palabras, el odio contra el odio y sus secuaces - que resulta de cada pequeña molestia que podamos confrontar en nuestro diario vivir.

Lo que produce en el ser humano las condiciones de vejez - enfermedades - quiebra en los negocios - empresas y finanzas - robos - crímenes - accidentes - separación de las familias - drogadicción - y la desintegración del cuerpo - y la destrucción en las guerras de los unos contra los otros, es la generación del odio contra el odio y sus secuaces - de la naturaleza sensoria animal humana de instintos primitivos.

Por el "Libre Albedrío" que nuestro "Padre - Madre - Creador" nos dio cuando nos "Creó a su Imagen y Semejanza" a nivel "Mental Espiritual" Varón - Masculino Transmisor - "Voluntad" - Varona - Femenino - Receptora y Creadora - "Imaginación" La Substancia Universal de la Naturaleza de "Dios Padre""- La Madre del Mundo que es "Amor Divino" - "Equilibrio - Armonía y Perfección, expresándose en sus cuatro Elementos" Invisibles y Visibles: "Tierra - Agua - Aire y Fuego", en correspondencia con los cuatro "cuerpos que forman al "Ser Humano": "Físico - Emocional - Mental y Etérico" - Es obediente incondicionalmente a la "Voluntad y Fe" del Intelecto que representa al Padre, que se expresan en el seno frontal y en la glándula Pineal, en el centro del cerebro. Constantemente esta respondiendo, al "Pensamiento y Sentimiento" que Transmitimos con las Palabras - "Positivas - Armoniosas - Constructivas" - o negativas - discordante - desarmoniosas - destructivas.

Recordemos constantemente que nuestros "Poderes Creadores - Son los Pensamientos y Sentimientos"

(Palabras) donde generamos Causas que luego veremos manifestadas como Efectos, en nuestro Cuerpo y Mundo que nos concierne. Así el Ser Humano se dé cuenta de ello o no - consciente o inconscientemente.

No hay momento en que los seres humanos, no estén imprimiéndole una u otra cualidad a la Substancia Universal de la Naturaleza, con sus cuatro Elementos. Y es solamente cuando el Individuo se hace "Auto - Consciente" en su Intelecto, de su "Yo - Dios - Divino Interior" que está anclado dentro del "Altar de tu Corazón - que puede manipular armoniosamente, un Océano sin límites de la Substancia Universal - que es Infinita y nunca se agota, de donde nos vienen todas las "Riquezas Visibles", cuando empieza a Comprender, las grandes e ilimitadas posibilidades para su Bien y el de los demás; y la gran responsabilidad que asumen en el uso, de sus "Poderes Creadores", los "Pensamientos y Sentimientos" que transmitimos con nuestras "Palabras" - " El Verbo - o Logos Viviente".

Es falso la idea ortodoxa de que "Dios Padre", pueda obrar en su Voluntad en el mundo del Intelecto del Ser Humano y en las Naciones, ya que por el "Libre Albedrío" que nos dio, en la Voluntad del Intelecto que representa al Padre, solamente puede actuar, es a través de la Voluntad y Fe del Intelecto del Individuo, donde "La Voluntad de Dios", está presente.

Así que si existe algo destructivo que te está causando sufrimiento, es tu Voluntad de tu Intelecto mal usada, la que allí se está cumpliendo. Y solo requieres cambiar de mala voluntad, a Buena Voluntad, dirigiendo y disciplinando a tus "Poderes Creadores" - los "Pensamientos y Sentimientos" (Palabras) degradados en Vibración de Luz, en oscuridad.

EL AMADO MAESTRO ASCENDIDO. "JESÚS EL CRISTO" NOS REVELA EL PODER DE LA PALABRA - EL VERBO - O LOGOS VIVIENTE. EN EL EVANGELIO DEL AMADO MAESTRO "SAN MATEO" - CUANDO NOS DICE:

"DE TODA PALABRA OCIOSA
QUE HABLAREN LOS HOMBRES
DE ELLA DARAN CUENTA EN EL
DIA DEL JUICIO"
PORQUE POR TUS PALABRAS
SERAS JUSTIFICADO, Y POR TUS
PALABRAS SERAS CONDENADO"

La raza humana entera "Siente" dentro de sí, tempestades del odio contra el odio - ira - insultos - envidias - celos - egoísmo y ofensas de los unos contra los otros, contra grupos religiosos - políticos - personas - sitios - ciudades - inconscientemente o a sabiendas.

Estas cualidades que el ser humano, genera y transmite en sus palabras, con sus sentimientos irritados de discordia -

o palabra ociosa destructiva - tiene que volver a recibirlas, en su mente - cuerpo - hogar - trabajo - negocios - empresas y finanzas y en todos sus asuntos, ya que todo en el Universo se mueve en Círculo, y en esta forma regresan a su punto de partida. Esta es la palabra ociosa, por la que tendremos que dar cuenta en el día del "Juicio". Este "Juicio", por el que tendremos que dar cuenta, es el momento cuando estamos viendo y sintiendo, el dolor y sufrimiento, por el mal juicio, o mala calificación con las palabras que hayamos hecho, a la "Substancia Universal" de la Naturaleza de "Dios Padre" - "La Madre del Mundo", y a sus cuatros Elementos - Invisibles y Visibles - Tierra con sus Divinos Mensajeros - "Los Gnomos" - Agua con sus Divinos Mensajeros - Las Ondinas - Aire con sus Divinos Mensajeros - Los Silfos - Fuego con sus Divinos Mensajeros - Las Salamandras - Y el Príncipe del Fuego Sagrado "Oromasis" - que lo representa "EL SOL".

EL AMADO MAESTRO ASCENDIDO
JESÚS EL CRISTO" NOS REVELA EN
"EL GRAN SERMÓN DEL MONTE". EN
EL EVANGELIO DEL AMADO MAESTRO
"SAN MATEO".

"CUANDO EL ESPIRITU INMUNDO
HA SALIDO DEL HOMBRE - ANDA
POR LUGARES SECOS BUSCANDO
REPOSO Y NO LO HALLA".
"ENTONCES DICE: ME
VOLVERE A MI CASA DE DONDE

SALÍ. "Y CUANDO LLEGA LA HALLA
DESOCUPADA - BARRIDA Y ADORNADA:

"ENTONCES VA Y TOMA
CONSIGO OTROS SIETE ESPIRITUS
PEORES QUE ÉL" - Y ENTRADOS
MORAN ALLÍ - "Y EL POSTRER
ESTADO DE AQUEL HOMBRE
VIENE A SER PEOR QUE EL
PRIMERO".

"ASÍ TAMBIÉN ACONTECERÁ
A ESTA MALA GENERACIÓN".

Al espíritu inmundo al que se refiere el "Amado
"JESÚS EL CRISTO". Es a la palabra destructiva de
discordia en los sentimientos, generada por el odio contra el
odio y sus secuaces, de la naturaleza sensoria animal humana
de instintos primitivos - que sale de la boca del hombre-
intelecto - del ser humano, y anda por lugares secos
buscando reposo y no lo halla - donde no existe "Agua o
Sentimientos de "Amor Divino" - sino odio y como en el
odio no existe reposo o Paz - no halla la Paz - Armonía - y
Gozo que busca.

Entonces dice, me volveré a mi casa - o mente
Femenina - Corazón - imaginación - receptora y creadora -
de donde salí. Y cuando llega, la halla desocupado de toda
creencia del Bien - y adornada de toda creencia destructiva
del mal.

Entonces va y toma consigo otros siete espíritus peores que él - o atrae por Ley de los iguales - a las siete personas que logró influenciar o sugestionar, con la discordia en sus sentimientos. Y entrados en su mente femenina - corazón - imaginación - receptora - de la persona que lo envió y moran o viven allí.

Y el postrer o posterior estado mental y físico, de aquel hombre - o intelecto de esa persona, viene a ser peor que el que tenía anteriormente.

Así también acontecerá, a esta mala generación, o a toda persona que genere y transmita en sus palabras, el odio contra el odio y sus secuaces, de la naturaleza sensoria animal humana de instintos primitivos.

Todas las discordias en los sentimientos y transmitidos en las palabras, son impresas en la "Substancia Universal de la Naturaleza y sus cuatro Elementos: "Tierra - Agua - Aire y Fuego - que obedece incondicionalmente a la Voluntad del Intelecto del Ser Humano. Entonces la Naturaleza - La Madre del Mundo, los devuelve a los seres humanos y sus bienes materiales, bajo la forma de: Terremotos - Maremotos - Tempestades - Ciclones - Tornados - Incendios - Enfermedades - Accidentes - Pobrezas- Limitaciones - Robos - Crímenes - etc.

Esto no son sino la forma en que La Madre Naturaleza y sus cuatro Elementos se purifican, quitándose de encima la contaminación de las discordias, del odio contra el odio y sus secuaces, que los seres humanos, generan en sus sentimientos, y transmiten a cada instante en sus palabras destructivas, bajo la forma de: Rencores - Insultos- Envidias - Egoísmo - Celos - Ofensas - etc.

CAPITULO II

"VARON - MASCULINO - VARONA - FEMENINO"
Dentro del Cuerpo Templo del Individuo - A Nivel Mental
Espiritual Cósmica Crística.

Se nos Revela en "La Sagrada Biblia" - En el "Génesis"
- Libro Primero y Quinto de Moisés - En el Antiguo
Testamento:

El "Hombre - Yo" - fue Creado a "Imagen y Semejanza
de "Dios - Padre - Madre" - con Dos Grandes Elementos de
"La Naturaleza de "Dios Padre" - La Madre del Mundo - que
es "Amor Divino" - "Equilibrio - Armonía y Perfección, en
el Ilimitado Reino de la "Substancia Universal" - que es
Infinita y nunca se agota, de donde nos viene todas las
Riquezas Visibles.

Uno. El Intelecto que representa al "Padre Universal" -
con los Atributos Divinos, de "La Voluntad - Fortaleza - Fe
Poder y Protección - Por donde se nos dio "Libre Albedrío,
en "La Voluntad" para Decidir, y en la Fe, para "Creer o
Aceptar" - lo que nos convenga tener manifestado en
nuestro "Cuerpo y Mundo que nos concierne.

Dos. El Corazón que representa a la "Madre Universal",
con el Atributo Divino de la "Imaginación - Creadora" - a

través de los Poderes Creadores de La Mente Universal Infinita y Viviente de "Dios Padre - Madre".

Los Pensamientos y Sentimientos - que Transmitimos con las Palabras - "El Verbo o - Logos Viviente" - que se transforma en carne, o manifestaciones de formas materiales, en el: Cuerpo - Hogar - Trabajo - Negocios - Empresas y Finanzas del Individuo, en el uso que hagamos en nuestro diario Vivir, de nuestros Poderes Creadores. En el "Bien - Armonioso - Constructivo" - generado por el "Amor Divino - de "La Verdadera Naturaleza de "Dios Padre", o en las apariencias del mal destructivo, generado por el odio contra el odio y sus secuaces de la naturaleza sensoria animal humana de instintos primitivos- que los usa a ambos.

El Cuerpo Mental Espiritual Femenino - "Imaginación Creadora" - solo acepta y le da Vida, con el "Sentimiento", a lo que le enviamos, en forma de Imágenes del "Pensamiento" - (Palabras) - o a la que nos proyectan otras Mentalidades, y a la que recibimos a través de la: "Prensa - Radio y Televisión" - al igual que a los pensamientos y sentimientos flotantes del ambiente mental - emocional, de la naturaleza sensoria animal humana de instintos primitivos o subconsciente colectivo.

Una antigua "Leyenda Griega", explica el Origen de los "Sexos y del Amor" - Diciendo que en el "Principio" el "Hombre o YO" - era un "Ser" que llevaba en sí lo Masculino y lo Femenino. Cierta vez ocurrió en la ira de los

Dioses, quienes de un golpe de espada, lo separaron convirtiéndolo en dos mitades que siempre se buscan.

Esta "Leyenda" como muchas de la "Mitología Antigua" - disfrazan una - "Verdad Transcendental" - El "YO" - o Espíritu de Dios, dentro del "Altar del Corazón" - El Lugar Secreto del Altísimo - dentro del "Cuerpo Templo del Individuo - es bisexual, a nivel Mental Espiritual" .Y lo es porque todo en la Naturaleza - que es "Amor Divino" - Equilibrio- Armonía y Perfección, se manifiesta, a través de los "Dos Grandes Elementos de "La Naturaleza - La Madre del Mundo - "Voluntad" - Masculino - Transmisor - y Femenino - Imaginación - Receptor y Creador". La Confrontación de lo Masculino - Voluntad - y lo Femenino - Imaginación, es lo que da lugar a la "Generación".

La Palabra Género, deriva de la "raíz latina" - que significa - "Concebir - Producir - Procrear - Generar - Tiene un significado mucho más amplio que la de sexo- (referencia a las distinciones entre seres) (macho y hembra) del Plano Material. Así el "Género", en el sentido de "La Verdad" del YO Superior - El Dios Divino Interior de cada Individuo y el sexo en la aceptación humana, son cosas muy distintas.

El sexo del Alma, dentro del "Altar del Corazón, no se manifiesta como tal, en el "YO SUPERIOR - El Dios Divino Interior de cada Individuo, sino como "Dos Cualidades o Atributos" de "Dios - Padre - Madre"- Voluntad - e Imaginación". La Voluntad, es la Fuerza Masculina Transmisora - y está asociada a "La Fuerza" Solar" - La

Imaginación es la "Fuerza Femenina - Receptora y Creadora - y está asociada a la Fuerza Lunar - Esto explica el predominio de "Imaginación" en la mujer - y el Poder especial que la "Luna" ejerce sobre el organismo femenino.

La Ciencia nos prueba que el hombre y la mujer física, poseen en su organismo - hormonas, masculinas y femeninas. Y la teoría de la reencarnación asegura que el alma del ser humano, encarna alternativamente en cuerpos, masculinos y femeninos, como una forma de llegar al "Conocimiento Integral" de "La Verdad del "Ser - o YO Superior" - El Dios Divino Interior de cada Individuo.

El Maestro Griego dijo: "Pienso luego Existo" Queriéndonos revelar que de la actividad del "Pensamiento y Sentimiento"", se desprendían "Dos Grandes Elementos de "La Naturaleza de "Dios Padre" - "La Madre del Mundo - Que es "Amor Divino" - Equilibrio - Armonía y Perfección - Donde Vivimos Nos Movemos - y Tenemos nuestro "Ser - o YO Superior - El Dios Divino Interior de cada Individuo - anclado dentro del Corazón - El Lugar Secreto del "Dios Viviente - que representa a la Madre - donde nace "El Hijo - engendrado por "El Padre".

El Amado Maestro Ascendido:
"JESÚS EL CRISTO" - Nos Revela: "NADIE VA AL PADRE - SINO A TRAVÉS DEL HIJO".

El YO - Intelecto - del Individuo "Piensa y Siente de sí mismo, en su Elemento Mental Femenino- "Imaginación

Creadora" - "Mi" - como si estuviera compuesto de ciertos sentimientos- agrados - gustos y disgustos - hábitos - conceptos o creencias - lazos especiales y conocimientos agrupados en su "Elemento Mental Femenino, en su Cuerpo Etérico. Todo esto forma su personalidad, o yo inferior - intelecto - extremo que conoce el mismo y los demás.

El Individuo sabe que estos sentimientos y creencias grabados en su Cuerpo Etérico - Memorias - cambian que nacen y mueren y están sujetos a los "Principios o Leyes" del "Universo de la Creación Mental" "Polaridad y Ritmo" - que lo llevan de un extremo a otro, por falta de desarrollo de "La Voluntad del Fuego Sagrado del Corazón - o Voluntad de "Dios Padre" - que debe Gobernar en el Corazón sobre el Intelecto. Que es con la que debe Gobernar y Dirigir sus Poderes Creadores - "Los Pensamientos y Sentimientos - (Palabras - El Verbo) para lograr la "Maestría del "Auto - Control de la discordia en sus "Sentimientos", llegando a mantener, a los "Sentimientos" - Armonizados a toda costa - para que pueda lograr la "Auto - Corrección", de la Atención de sus Pensamientos (Palabras) - no dejándolos correr hacia los falsos conceptos, o creencias, de las apariencias del mal - generados por la naturaleza sensoria animal humana, de instintos primitivos - que genera y transmite en las palabras, el odio contra el odio y sus secuaces, causa de todo dolor y sufrimiento humano - de animales y plantas.

Siendo el "Auto - Control y la Auto - Corrección - La Llave Maestra de la "Perfecta Dicha" - Llamada Felicidad.

Las diferentes "Escuelas de Psicología" - a través del tiempo, han dado varios nombres, a los "Dos Grandes Elementos de la "Naturaleza de "Dios Padre - que es "Amor Divino" - La Madre del Mundo - que obran todo el tiempo en la "Consciencia o Alma" del Individuo, siendo usados por la naturaleza sensoria animal humana de instintos primitivos, generando y transmitiendo en las palabras de los seres humanos, el odio contra el odio y sus secuaces.

Así los "Dos Grandes Elementos Mentales Espirituales" de La Naturaleza de "Dios Padre", han sido denominados por la diferentes "Escuelas de Psicología; a través del Tiempo: Mente Activa - y Mente Pasiva" - "Mente Voluntaria y Mente Involuntaria" - "Mente Objetiva y Mente Subjetiva", llegando a esta época moderna, en que la denominan: "Mente Consciente y Mente Subconsciente".

Como podremos - "Observar y Comprender", los nombres varían de acuerdo a cada "Escuela de Psicología", pero todas coinciden en que nuestra Mente está hecha de: "Dos Grandes Elementos de "La Naturaleza de "Dios Padre" - La Madre del Mundo" - Que es "Amor Divino" - Equilibrio - Armonía y Perfección - que se expresa en nuestra "Mente" en nuestros "Poderes Creadores" - "Los Pensamientos y Sentimientos (Palabras) El Verbo - o Logos Viviente - que por el "Libre Albedrío" - en la Voluntad para "Decidir - y en la Fe" para Creer La "Substancia Universal" de la Naturaleza con sus "Cuatro Elementos" - Invisibles y Visibles - "Tierra - Agua - Aire y Fuego - en Correspondencia con los "Cuatro

Cuerpos que forman al "Ser Humano": Físico - Emocional - Mental y Etérico" - Obedece incondicionalmente, a nuestra "Voluntad y Fe" del Elemento Mental Intelecto" - que representa al Padre - para el "Bien Armonioso - Constructivo - o para el mal - desarmonioso - destructivo. Y como todo en el Universo Viaja en Círculo - Todas las discordias en los sentimientos, generadas por el odio contra el odio y sus secuaces, de la naturaleza animal humana de instintos primitivos regresan a su origen - En esta forma la Naturaleza y sus Cuatro Elementos las devuelve, en forma de terremotos- maremotos - ciclones - tornados - incendios - accidentes - enfermedades - pobreza y limitaciones - etc.

Esto no es sino la forma que tiene la Naturaleza y sus Cuatro Elementos, de Purificarse de las discordias del odio, generados por la humanidad, destruyéndolos a el y sus bienes materiales.

El principio o Ley de Generación - o Género Mental, se manifiesta, en todos los "Planos de la Vida: Espiritual - Mental y Material.

Pero el Género no significa sexo, sino lo relativo a la "Generación o Creación".

Y donde quiera que algo se "Genera o Crea". El "Principio" o "Ley del Género Mental", se está allí manifestando. Y esto es "Verdad", aún en lo que se refiere a la "La Creación de los Universos".

El "Gran Principio Mental Superior" de "Correspondencia viene en nuestra ayuda. "COMO ES ARRIBA ES ABAJO" - COMO ES ABAJO ES ARRIBA" "COMO ES EN EL MACROCOSMO"- ES EN EL MICROCOSMO". Se puede - "Pensar" - justificadamente - que "DIOS PADRE" - "EL YO SOY" EL QUE "YO SOY" " EL TODO EN TODO" - Crea los Cosmos - de una manera parecida al proceso mediante el cual - El Elemento Mental Masculino - Intelecto - con el Atributo Divino de la "Voluntad" - y la Fe" - en cada Individuo" - Crea sus "Imágenes Mentales", en su Elemento Mental Femenino - Receptor - Imaginación Creadora - que la Psicología denomina en estos momentos - "Mente Subconsciente".

El papel del Elemento Mental Masculino - "Voluntad - y Fe" - es de dirigir su "Energía" inherente de la Voluntad - Fortaleza y Fe" - por donde se nos dios "Libre Albedrío" hacia su Elemento Mental Femenino - Imaginación - poniendo así en actividad el proceso Creador, pero el trabajo activo Creador, está destinado en todos los "Planos", al "Elemento Mental Femenino - Imaginación Creadora" - Siendo cada Elemento Mental, incapaz de "Energía Operadora sin la ayuda del otro.

Estos "Dos Elementos Mentales, del "YO y del MÍ" - Corresponden a los "Dos Elementos - Masculinos - Intelecto - con el Atributo de la "Voluntad - Fortaleza - y Fe" y Femenino - Imaginación Creadora - Receptora - y dan la Clave para Conocer la forma en que operan y se manifiestan los procesos Mentales, en el Individuo.

Las percepciones de los "Sentimientos", corresponden a la "Mente Femenina". En tanto que lo que la Mente Transmisora, elabora y proyecta en sus Palabras fuera de sí, en forma de "Conceptos - Ideas o Pensamientos" - Corresponde, al Elemento Mental Masculino - Voluntad.

De esta manera llegamos a la Comprensión de la "Generación Mental". Esto es la clave de la explicación, de los diversos Fenómenos Mentales, tales como Hipnotismo - Clarividencia - Levitación - Sugestión - o Influencia Mental - etc.

En la Telepatía - Sugestión - o Influencia Mental; y en lo que los seres humanos temen tanto, llamada brujería - hechizo - suceden porque al ponerse en movimiento, los Elementos Mentales - "Pensamiento - Masculino - y Sentimiento - Femenino - dan como resultado, el que una determinada "Imagen del Pensamiento pueda ser disparada de una Mente Masculina - Voluntad - Fortaleza y Fe - a otro Elemento Mental Femenino - Receptor y Creador - Imaginación - y reconstruida a través del "Sentimiento" por esta última, dando paso a la elaboración de un mensaje aviso - o concepto - o a una mala intención que otra persona desea imponer, con su mala "voluntad y mala fe", en la otra persona, en su "Mente Femenina - Receptora - para convertirla en esclavo de su mala intención.

En la Generación Mental, de la mayoría de los seres humanos, se encuentra funcionando con mayor vitalidad, la naturaleza sensoria animal humana de instintos primitivos que genera y transmite en las palabras, el odio contra el odio y sus secuaces: resentimientos - agresividad - insultos - discordias - envidias - egoísmo - celos - orgullo - soberbia - crímenes - robos - etc.

En tanto que son escasas los Intelectos - Mente Masculina Transmisora, en los cuales tiene supremacía, el "Elemento Mental Masculino Espiritual Superior" de la Voluntad - Fortaleza y Fe". De allí que los conductores de masas - Los "Hombres o Yo" - Intelectos que se imponen a los hechos y a las circunstancias sean tan escasos; y del mismo modo las masas que obedecen y se dejan llevar tan ciegamente este constituido por la mayoría.

Lo que sucede con los "Líderes", es que estos poseen una "Mente" predominante "Masculina" Voluntad - Fortaleza y Fe - Transmisora, con una capacidad de generación de "Ideas o Pensamientos" - Conceptos o Creencias que Transmiten e imponen, en el Elemento Mental Femenino - Receptor - Imaginación - sin "Voluntad - Fortaleza y Fe" propia - que es característica de su Individualidad, pero carente de todo "Sentimiento" de "Amor Divino" de la "Verdadera Naturaleza de "Dios Padre - "La Madre del Mundo", siendo por esta Causa que engañan a las masas que han confiado en ellos.

Esto nos lleva a "Meditar" y a Considerar la situación, en que se encuentran la mayoría de los seres humanos, dominados y esclavos de la naturaleza sensoria animal humana de instintos primitivos que genera y transmite en las palabras destructivas, el odio contra el odio y sus secuaces, por encontrarse en ellos dormida - inactiva, el "Atributo Divino", de "La Voluntad- Fortaleza y Fe" de "Dios Padre" y por pereza mental, no analice y discrimine sobre la conveniencia o inconveniencia de Adherirse, de tal o cual - método - doctrina - política y religiosa, siendo simples copiadores de los "Pensamientos y Sentimientos" (Palabras) de los demás, pero nunca llegarán a ser "Creadores" de sus propios "Pensamientos y Sentimientos".

Cuando ponemos en "Acción" "La Voluntad - Fortaleza y Fe, del Elemento Mental Masculino - Transmisor - Intelecto - unida a "LA SUPREMA VOLUNTAD - FORTALEZA Y FE" de DIOS PADRE - logramos - la Llave Maestra de la Perfecta "Dicha" - llamada felicidad - "El Auto - Control de la discordia en los sentimientos llegando a mantener a los Sentimientos Armonizados a toda costa, para poder lograr la "Auto - Corrección de la Atención del Pensamiento (Palabras), no dejándolo correr hacia los falsos conceptos o creencias destructivas de las apariencias del mal de la naturaleza sensoria animal humana de instintos primitivos.

Así lograremos el equilibrio "Armonioso entre ambos "Elementos Mentales - Masculino - Voluntad - Fortaleza y Fe" y Femenino - Receptor - Imaginación Creadora. Es decir, llegamos a poseer, una Mentalidad Femenina - Imaginación - Creadora - Altamente Receptora, lo que nos permite tomar contacto con "El Mundo Conceptual, o de "Las Ideas o Pensamientos Superiores". Y a través del

Elemento Mental Masculino - Intelecto - con La Buena Voluntad, Fortaleza y Fe - Activas o Voluntad de DIOS PADRE - elaboraremos aquellos "Pensamientos" - Conceptos y Descubrimientos Superiores que están acordes, con el "Tiempo y el Espacio" - en los cuales nuestra "Alma" - se manifiesta.

El "Hombre y La Mujer - son un "Ente Energético", en los cuales se mueven o accionan, diversos tipos de "Energía en Vibración". Y la única forma práctica que tenemos, para "Gobernar y Dirigir Conscientemente" - con "La Voluntad Auto - Consciente" del Intelecto del Individuo las "Energías" de nuestro propio Mundo, que se encuentran grabadas como Causas - o Creencias - en nuestras propias Mentes, es usando La Maestría - del "AUTO - CONTROL Y AUTO - CORRECCION" - para poder lograr la "Limpieza del Lugar Secreto" del Dios Viviente - Al Altar del Corazón.

Así podemos Comprender que la: enfermedad - pobreza y limitaciones - no es otra cosa que la alteración producida por la discordia del odio contra el odio y sus secuaces de la naturaleza sensoria animal humana de instintos primitivos que el ser humano Transmite con sus Palabras destructivas de las apariencias del mal, hacia sí mismo - familiares - amigos y prójimo en general y hacia los "Cuatro Elementos de la Naturaleza de "DIOS PADRE" - LA MADRE DEL MUNDO - QUE ES "AMOR PURO DIVINO - SIN LOS CUALES NO EXISTIRIAN VIDA MANIFESTADA EN EL PLANETA.

Y esto puede ser - Sanado - por el mismo "Individuo" que ponga " EN ACCION" en su Elemento "MENTAL MASCULINO TRANSMISOR - VOLUNTAD - FORTALEZA Y FE DE DIOS PADRE - SOBRE SU ELEMENTO MENTAL FEMENINO - RECEPTOR Y CREADOR - IMAGINACION ESTABLECIENDO ASÍ - EN SUS CUATROS CUERPOS: "FÍSICO - EMOCIONAL - MENTAL y ETÉRICO Y EN SUS CENTROS DE ENERGÍA (LLAMADOS CHAKRAS) EL NORMAL FLUJO MAGNÉTICO DE ENERGÍA - SUBSTANCIA - LUZ - DEL "YO SUPERIOR - EL DIOS DIVINO INTERIOR DE CADA INDIVIDUO".

CAPITULO III
"IMAGEN"

En La Sagrada Biblia" Se Nos Revela - en El Libro Primero de Moisés" Vers.27.

"I Creó Dios al Hombre a su Imagen" - a "Imagen de Dios Lo Creó".

(Con Libre Albedrío).

En el "Libro Quinto de Moisés" capítulo 5 - en los "Diez Mandamientos de la Ley - dados por Moisés Se Nos Revela:

"No tendrás dioses delante de Mí".
En el vers. 8 - Se Nos Revela:

"No harás para ti "Imagen" alguna de cosa que esté arriba en los Cielos - ni abajo en la Tierra - ni en las Aguas debajo de la Tierra.

En el vers. 9 - Se Nos Revela: "No te Inclinarás a ellas ni les servirás"

Cuando en "La Sagrada Biblia" se repite una palabra dos veces seguidas, significa que debe comprenderse, literalmente, al pie de la letra.

Así cuando se nos dice: "Que Dios Creó al hombre", a "Su Imagen" a Imagen de Dios lo Creó. Es exactamente eso lo que significa.

En el Libro Quinto de Moisés - capítulo 5 - vers. 8 - y en el vers. 9 - Se nos prohibe hacer "Imágenes en el Pensamiento", de cosa que esté arriba en los cielos, o sentimientos de discordia, generados por el odio contra el odio ni abajo en la tierra, o formas de las imágenes del pensamiento destructivo, de las creencias de las apariencias del mal, ni abajo en la tierra, o formas de las imágenes del pensamiento rastrero. Y se nos prohibe terminantemente inclinarse, o creer en ellas, ni les serviremos, o no nos haremos esclavos de ellas.

Ya sabemos que, el Pensamiento, contiene la forma de la "Imagen" contenida en él, siendo por esta Causa que toda forma en lo físico, tiene un "Pensamiento" definido que la respalda.

También Sabemos que el Sentimiento contiene la "Luz" que le da Vida a la forma de la "Imagen" contenida en el "Pensamiento"; y lo obliga a manifestarse en lo físico. Siendo el mucho "Sentimiento" - Armonioso - Positivo - Constructivo, lleno de entusiasmo - generado hacia lo que "Deseamos" en los Sentimientos, poseer del "Bien Ilimitado de la "Substancia Universal de la Verdadera - Naturaleza de "Dios Padre". "La Madre del Mundo" - que es "Amor Puro" Divino" - Equilibrio - Armonía y Perfección" quien lo trae a la manifestación para nuestro uso. No pudiendo manifestarse en lo físico, ninguna forma de la "Imagen contenida en el Pensamiento", sino va precedida del "Sentimiento".

El "Sentimiento" "Causa tres veces más manifestaciones que el Pensamiento", porque recibe el 75% de La Magna Energía Electrónica - Substancia - Luz" con que somos dotadas, por nuestra "Amada Toda Poderosa Presencia de Dios Individualizado "YO SOY". El Dios Divino Interior de cada Individuo", anclado dentro del Altar del Corazón" - "El Lugar Secreto del Dios Viviente" que no se ha llegado a desarrollar por la degradación en vibración del "Sentimiento de Puro Amor Divino", en el odio contra el odio y sus secuaces, generado y transmitido en las palabras, por la naturaleza sensoria animal humana de instintos primitivos. Causa de todo el dolor y sufrimiento humano.

Con esta Sabiduría "Divina" podemos Comprender, que el "Sentimiento" que es quien contiene "La Luz" - Es el Reino de los Cielos - Que el Amado "JESÚS EL CRISTO" - nos Revela - Cuando nos Dice:

"NO DIGAIS HELO AQUÍ
O HELO ALLÍ" "PORQUE
DENTRO DE VOSOTROS
ESTÁ EL REINO DE LOS CIELOS"

"MÁS BUSCAD PRIMERAMENTE
EL REINO DE LOS CIELOS Y SU JUSTICIA"
"Y TODAS LAS DEMÁS COSAS
OS SERÁN DADAS POR AÑADIDURA".

En la "Simbología", a nivel Mental Espiritual; dentro del "Cuerpo Templo del Individuo - Las Palabras "Cielo" y" Justicia" - significan: Cielos Sentimientos" Puros de Amor Divino" que son los que contienen "La Luz" - que le dan Vida a las "Imágenes" del "Pensamiento" - y la obligan a manifestarse en lo físico. Y Justicia, es "La Magna Ley del Amor Divino de nuestro" Yo - Dios Divino Interior - Equilibrio Armonía y Perfección- con que nos Gobierna y Rige Armoniosamente en "El Universo de "La Creación Mental", expresándose en nuestras Mentes, en nuestros "Poderes Creadores - Los Pensamientos y Sentimientos", los cuales tenemos que aprender a Gobernar y Dirigir Conscientemente", con nuestra "Voluntad Interior" - hacia las "Imágenes" del "Pensamiento" Creador Perfecto - y no aceptando "Imágenes" del pensamiento rastrero - destructivo de las falsas creencias, generadas por la naturaleza sensoria animal humana de instintos primitivos - que genera el odio contra el odio y sus secuaces.

En "El Gran Sermón del Monte", en el "Evangelio del Amado Maestro "San Mateo", en "El Nuevo Testamento.

EL AMADO MAESTRO JESUCRISTO: NOS REVELA.

Un Discípulo. Le pregunta ¿Maestro ¿Cuál es el Mandamiento Más grande de "La Ley del "Amor Divino"? Y el Amado Maestro Jesús - le responde:

EL MANDAMIENTO MÁS GRANDE

DE LA LEY DEL "AMOR DIVINO" ES:
"AMARÁS AL SEÑOR TU DIOS
DE TODO TU CORAZÓN - DE TODA
TU ALMA - DE TODA TU MENTE - Y
DE TODA TU FUERZA.

"Y EL SEGUNDO IGUAL AL
PRIMERO ES: AMARÁS A TU PRÓJIMO
COMO A TI MISMO".

"DE ESTOS DOS MANDAMIENTOS
DEPENDE EL CUMPLIMIENTO DE TODA
LA LEY DEL AMOR DIVINO".

La "Mente Universal Infinita y Viviente" - de "Dios - Padre - Madre" le dio al Hombre - "YO" Elemento Mental Espiritual- Masculino - Transmisor - Intelecto - que representa al "Padre" y al Elemento Mental Espiritual - Femenino - Receptor y Creador - Imaginación - que representa a la MADRE. El Poder de Crear Imágenes en el Pensamiento que deben ir acompañadas de "Sentimientos" de "Puro Amor Divino - que por " El Libre Albedrío - que se nos dio, en la Voluntad Interior del Individuo, obedecen incondicionalmente, a la Voluntad del Elemento Mental Espiritual Masculino - Transmisor - Intelecto - que representa al "PADRE". en el uso que hagamos de nuestros "Poderes Creadores". Los "Pensamientos y Sentimientos" que transmitimos con nuestras Palabras - El Verbo - o Logos Viviente - que se hace carne o manifestaciones de formas materiales, en nuestro "Cuerpo y Mundo" - que nos concierne, y la naturaleza sensoria animal humana de instintos primitivos - que genera y transmite en las palabras, el odio contra el odio, y sus secuaces, los usa a ambos. Causa de todo el dolor y sufrimiento humano.

Este Atributo Divino" de la "Imaginación Creadora". Es el Elemento Mental - Varona - Femenino - que nos permite Crear formas en las "Imágenes del Pensamiento - intensamente sentidas que luego veremos y sentiremos manifestadas en nuestro "Cuerpo y Mundo que nos concierne - Viniendo a ser la "Imaginación Creadora" - La Verdadera Naturaleza de "Dios Padre". En donde Vivimos - Nos movemos y tenemos nuestro verdadero "YO" Superior" "El Dios Divino Interior de cada Individuo.

El Amado- JESÚS EL CRISTO" Nos Revela. En el Evangelio del Amado Maestro Ascendido "San Juan" "YO HE DICHO DIOSES SOIS" Y TODOS VOSOTROS SOIS HIJOS DEL ALTISIMO".

El Elemento Mental - "Hombre" Intelecto" en cada Individuo, por falta de "Comprensión Espiritual" de su "Yo Dios Divino Interior, que mora dentro del "Altar de su Corazón" - "El Lugar Secreto del Altísimo" - desvió el camino de la evolución de su alma, y entró en una vibración inferior, la cual debido a sus creencias ensombrecidas, por el mal uso del "Libre Albedrío", en su Voluntad para Decidir" y en su" Fe para Creer" degradó en bajas vibraciones, a sus Poderes Creadores", los "Pensamientos y Sentimientos", que son transmitidos por sus "Palabras" "El Verbo" o Logos Viviente".

Por esta "Causa" solamente, el Elemento Mental - Hombre - Intelecto, en cada Individuo, es el que puede con el uso del "Auto Control" de la discordia en sus Sentimientos, transformar, la mala voluntad - o voluntariedad - en "Buena Voluntad o Voluntad de Dios Padre" ya que hasta ahora ha permanecido - dormido - inactivo, en el uso de "La Suprema Voluntad de Dios - El Bien Omnipotente - dentro del Altar del Corazón "La Abundancia de "Todo Bien Deseado".

El Amado Maestro "JESUS EL CRISTO" nos Revela, en "El Gran Sermón del Monte"- En el Evangelio del "Amado Maestro" "San Mateo".

"VELAD - VELAD" - PARA QUE EL LADRON NO ENTRE DE NOCHE".

El único "Atributo Divino" en la mente Intelecto del Individuo, que puede" Velar o Cuidar" para que el ladrón, o energía rastrera de muy baja vibración, no entre de noche, cuando la voluntad se encuentre oscura - dormida - inactiva - en el "Elemento Mental Masculino - Transmisor - Intelecto - del Iindividuo, es el "Atributo Divino" de la Voluntad de Dios Padre", que se expresa en el seno frontal. Así no "Vela o Cuida" para que su "Elemento Mental Femenino" "Receptor y Creador - Imaginación" -, no sea sugestionado o influenciado, por las falsas creencias destructivas de las apariencias del mal, generadas por el odio contra el odio, de la naturaleza sensoria animal humana de instintos primitivos, causa de todo el dolor y sufrimiento humano.

Por el "Libre Albedrío" que nuestro "Padre - Madre" Creador" nos dio, en la Voluntad del "Elemento Mental Masculino" Transmisor - Intelecto" - solamente cada Individuo, es el que puede "Transmutar", lo que le está produciendo - discordias - limitaciones y sufrimientos, ya que fueron creados por el mismo, con el mal uso del "Libre Albedrío en su Voluntad" degradando en la oscuridad, a sus "Poderes Creadores" los "Pensamientos y Sentimientos" - que transmite con sus Palabras - de discordia y limitaciones - El Verbo o Logos Viviente" - que se transforma en carne o manifestaciones de formas materiales, en su cuerpo y mundo que le concierne.

Lo que está en "Ley", en estos momentos de transición, de pasar de la naturaleza sensoria animal humana de instintos primitivos, del odio contra el odio - a la Verdadera Naturaleza de "Dios Padre " "La Madre del Mundo" que es "Amor Puro Divino - Equilibrio - Armonía y Perfección" - que trasciende todo concepto humano. Es unir la Voluntad externa del Intelecto - con la "Suprema Voluntad de Dios Padre - la Abundancia "de todo Bien Deseado - en una sola Voluntad - para que Gobierne en el Corazón sobre el Intelecto - "Entrega del Poder del Libre Albedrío de la Voluntad del Intelecto, ya que la naturaleza sensoria animal humana de instintos primitivos, es la que trata de negar "La Creación

Inmortal del Hijo de Dios" - El Cristo Viviente - Creado a "Imagen y Semejanza" del Dios Viviente" - No sabiendo que "El Plan Divino de Perfección". Ha sido diseñado para cada uno de sus Hijos que somos cada uno de nosotros. Siendo nuestra "Herencia Espiritual. - La Abundancia de: TODO BIEN DESEADO" - que nos pertenece como Hijos del Dios - Padre - Madre" Creados a "Su Imagen y Semejanza".

Así la Verdadera Identidad con "Dios es "Creer o Aceptar" en nuestros "Poderes Creadores" - Los Pensamientos y Sentimientos que fuimos Creados a "Imagen de Dios" Con Dos Grandes Elementos de "La Naturaleza de "Dios Padre" "La Madre del Mundo - que es "Amor Divino" - Equilibrio - Armonía y Perfección.

La Sabiduría Divina, no es recibida por los Intelectos de los "Seres Humanos que tratan de encontrarla, en "Imágenes idólatras "moldeadas a semejanza, de su mente sensoria animal humana de instintos primitivos, o a la de los demás. A menudo eligen un contemporáneo, o una personalidad histórica y la colocan en un pedestal mental, como un ejemplo de virtud. Puede ser el papá - la mamá - un amigo - o la esposa o el esposo.

Se da el caso que se le descubre un rasgo o característica humana; a esta persona a la que se le ha idealizado tanto. El "Ser humano siente" que el mundo se les derrumba. Un ídolo caído los conduce a un estado mental de agobiante desesperación y frustración. Ellos razonan. ¿ Sí este individuo (hombre o mujer) no es bueno, entonces quien es bueno?. El Amado "JESÚS EL CRISTO", replico al hombre que lo llamó - Maestro Bueno - y le Dijo. ¡Porqué me llamas bueno?. Nadie es bueno, más que uno. Y ese es Dios.

Por esta causa, no te harás "Imágenes en el Pensamiento" de ninguna semejanza de lo que está arriba en los cielos, o sentimientos degradados en vibración de "La Luz" del Amor Divino, en oscuridad del odio contra el odio y sus secuaces, de la naturaleza sensoria animal humana de instintos primitivos, ni abajo en la tierra, o las formas de las imágenes del pensamiento de las creencias de las apariencias del mal, ni en las aguas o emociones agresivas discordias, o debajo de la tierra, o formas de las imágenes del pensamiento rastrero de creencias del mal.

Así el Genio Creador Mental Espiritual Superior que todos poseemos se manifiesta, es a través de nuestra "Imaginación Creadora", expresándose en el "Tercer Ojo" o "El Ojo de la Mente Crística" en el entrecejo encima de los ojos. Por lo que tenemos que activar nuestra "Voluntad Espiritual Interior que se expresa en el seno frontal, para "Velar o Cuidar" para que nuestra "Imaginación, no le de Atención a las Formas del Pensamiento - destructivas de las apariencias del mal, de la naturaleza sensoria animal humana de instintos primitivos.

El Elemento Mental Femenino - "Imaginación" es por donde se expresa la "Verdadera Naturaleza de "Dios Padre" - "La Madre del Mundo" - que es "Amor Divino" - Equilibrio

- Armonía y Perfección", siendo por esta causa", que se nos "Revela" en "La Sagrada Biblia", que el pecado contra "El Espíritu Santo" - Sentimientos de Puro Amor Divino", trae tantos tormentos a los seres humanos, porque cualquier discordia en los sentimientos, rompe o viola "La Ley del Amor Divino" que es "La Ley del "YO" Dios Divino Interior, de cada individuo - ya que con la discordia en los sentimientos, el Intelecto del ser humano, transforma al "Espíritu Santo" o Sentimientos de "Puro Amor Divino", en sentimientos de odio contra el odio - o espíritu rastrero - fuerza siniestra - que se volcará contra su creador, destruyéndolo a él - su familia y bienes materiales.

En el vers. 9 se nos Revela:
"NO TE INCLINARAS A ELLAS
NI LES SERVIRÁS"
Ya sabemos que el "Pensamiento"

Contiene la "Forma de la Imagen" contenida en él, siendo por esta "causa" que toda forma, manifestada en lo físico, tiene un "Pensamiento" - definido que la respalda.

Con esta "Sabiduría Divina," podremos" Comprender" que las formas que pudiéramos tener manifestadas en nuestro: cuerpo - hogar - trabajo - negocios - empresas y finanzas, fueron creadas por nosotros mismos. Y que así como creamos las formas negativas, que nos están causando sufrimiento y dolor. Así tenemos "El Poder en La Voluntad Interior" para "Transmutar o Transformar" todo lo negativo - inarmonioso y limitado en "Creencias del Bien Ilimitado de la "Substancia Universal" de la "Verdadera Naturaleza de Dios Padre" Amor Divino - Equilibrio - Armonía y Perfección en "Todo" lo que "Deseáramos" tener manifestado, en nuestras "Vidas y Mundos".

El Amado Maestro "JESÚS EL CRISTO" nos Revela en el Evangelio del Amado Maestro "San Juan".

"TODO LO QUE ATARES EN LA TIERRA SERÁ ATADO EN LOS CIELOS". Y TODO LO QUE DESATARES EN LA TIERRA, SERÁ DESATADO EN LOS CIELOS".

En la Simbología como fue escrita "La Sagrada Biblia. Las "Palabras" "Tierra y Cielo", corresponden - "Tierra a la forma de la Imagen" contenida en el "Pensamiento - y Cielo - corresponde a los "Sentimientos", que contienen "La Luz" que le dan Vida y hacen que la forma del "Pensamiento" se manifieste en lo físico. Siendo los "Poderes Creadores" más grandes en el "Universo y en la "Vida y Mundo del Individuo" Los "Pensamientos y Sentimientos".

Así "El Amado Maestro "JESÚS EL CRISTO". Nos está Revelando que todo lo que atares o creyéramos en la "Tierra" o en las formas de las Imágenes del "Pensamiento", será atado o ligado en el "Cielo" - o en los "Sentimientos" que son los que contienen "La Luz" que le dan Vida y hacen que la "Forma de la Imagen" contenida en el Pensamiento se manifieste en lo Físico.

Y todo lo que desatares en la "Tierra" o dejares de creer, en la forma de la "Imagen" contenida en el "Pensamiento", será desatado o desligado, en los Cielos, o Sentimientos de "Amor Divino".

Siendo por esta "Causa" que no te inclinarás - o no le brindarás Atención Mental, ni les servirás - o no te harás esclavo de las creencias destructivas del mal. En el Evangelio del Amado Maestro "San Mateo" - en el "Gran Sermón del Monte" - El Amado Maestro "JESÚS EL CRISTO" - nos Revela:

"NO RESISTAIS AL MAL -ANTES AL
QUE TE GOLPEARA LA MEJILLA
DIESTRA" - VUÉLVELE LA OTRA".

Esta "Gran Ley Mental Espiritual" Revelada por "El Amado Maestro Ascendido "JESÚS EL CRISTO" - Nos Revela, que la "Resistencia al mal", se la damos, es a través de la "Atención", de nuestros "Poderes Creadores" - Los "Pensamientos y Sentimientos", que Transmitimos con las "Palabras" El Verbo - Que se hace carne o manifestaciones de formas materiales, en nuestro: cuerpo - hogar - trabajo - negocios - empresas y finanzas.

En el "Plano Mental" existe el "Amor y el odio". Dos Vibraciones totalmente distintas. El Amor en el "Plano Superior, El odio en el plano inferior - Lo Superior gobierna a lo inferior. Así podemos comprender que se puede cambiar las vibraciones de odio por Vibraciones de "Amor Divino", en nuestra propia "Mente", y en la "Mente" de los demás, lo que será considerado como lo más importante en nuestras relaciones, con familiares - amigos y prójimo en general.

El acto "Vuélvele la otra mejilla, no tiene más que un valor "simbólico" se refiere a lo que debemos hacer con los "Pensamientos y Sentimientos", cuando nos encontramos en la presencia del error humano, y "Simboliza" el acto de oponerle al error, no otro error, sino la "Verdad" del "Yo Dios Divino Interior", que es Perfección, lo cual actúa como por arte de magia.

Cuando alguien no está conduciéndose bien a nuestra vista, si en vez de pensar en la falta cometida, apartamos la atención de nuestro pensamiento de lo humano y fijamos la Atención en el "Yo Dios Divino Interior" de cada Individuo, " Veremos como su conducta cambiará inmediatamente. Este es el gran secreto de llevarse bien con personas de mal genio - si los que nos rodean se ponen molestos, no tenemos más que cambiar deliberadamente la "Atención de nuestro Pensamiento "tocante a ellos, y enseguida cambiarán ellos también.

Si alguien entra de mal humor en nuestra - Oficina - habitación o en la tienda donde estamos, no lo tratemos agresivamente, ni huyamos la dificultad, sino fijemos la "Atención del Pensamiento" en su "Yo Dios - Divino Interior" que está anclado dentro del "Altar de su Corazón", y nos complaceremos al ver la ira desaparecer de su semblante, revelándonos sus facciones, el cambio progresivo que tiene lugar en "El Altar de su Corazón". Bendice al "Cristo" dentro del Altar de su Corazón y verás los cambios positivos que ocurren en él.

Este "Gran Método sencillo que nos da "JESÚS" - Es el Gran Secreto de la Perfecta Dicha - llamada felicidad "El logro de la práctica del "Auto - Control" de la discordia en los sentimientos, llegando a mantener los "Sentimientos Armonizados a toda costa.

Tenemos que desintegrar de nuestras almas, la hostilidad y el resentimiento, para poder cambiar nuestra consciencia (Pensamientos y Sentimientos) hasta llegar a ser conscientes, solo de la "Armonía y la Paz Interna" manteniendo un "Sentimiento de "Buena Voluntad" hacia todos. La única existencia que tiene la apariencia del mal, es la que nosotros mismos le damos, dándole vida a través de la "Atención" de nuestros "Poderes Creadores, Los Pensamientos y Sentimientos". Quitémosle la Atención - Y "No Resistimos al mal" - y se esfumará en la nada de donde vino. Esta en cada uno de nosotros, quitarle el Poder que inconscientemente le habíamos dado - "NO RESISTAIS AL MAL".

También nos Revela - El Amado Maestro "JESÚS EL CRISTO"

"NO PODEIS IMPEDIR QUE UN PÁJARO
SE POSE EN TU CABEZA"
"LO QUE NO PODEIS PERMITIR
ES QUE HAGA NIDO EN ELLA".

Los pájaros andan en el aire y el "Elemento Aire" corresponde al plano de los "Pensamientos". Así podemos comprender que no podemos impedir que un "Pájaro" - o Pensamiento negativo - destructivo, de la naturaleza sensoria animal humana de instintos primitivos, que genera el odio contra el odio y sus secuaces, se pose o toque nuestra cabeza o cerebro. Lo que no podemos permitir, es que haga nido en ella, o sea aceptado, en nuestra parte mental - Femenina - Receptora - Imaginación. Y con "La Gran Ley Mental Espiritual Superior", dada por el Amado "JESÚS EL CRISTO" de: NO RESISTÁIS AL MAL" "ANTES AL QUE TE GOLPEARA LA MEJILLA DIESTRA - VUÉLVELE LA OTRA - Lo desalojamos para siempre de nuestra "Conssciencias" - (Pensamientos y Sentimientos).

Del lado derecho, se encuentran nuestros "Sentimientos. Así cualquiera que afectare, o golpeare tu mejilla diestra o "Sentimientos",   vuélvele la otra mejilla, o la Inteligencia Divina, y no "resistáis al mal, o no le des "Atención" con tus "Poderes Creadores" - Los "Pensamientos y Sentimientos".

NOS REVELA EL AMADO MAESTRO.
"LIMPIA TU LUGAR SECRETO.
NIÉGATE A TI MISMO - CONOCED
LA VERDAD Y ELLA OS HARÁ LIBRES"
"EL QUE GANARE SU VIDA- LA PERDERÁ
Y EL QUE PERDIERA SU VIDA POR CAUSA
DE "MÍ" - LA HALLARÁ.

La Imaginación Creadora" o Elemento Mental Femenino - Receptora sin "Voluntad y Fe propia - tiene que ver con cada uno de nuestros actos, donde podemos triunfar o fracasar vivir sanos o enfermos gozar o sufrir - en opulencia o pobreza - etc.

El Elemento Mental Masculino - Transmisor - Intelecto - Llamado en estos momentos por la "Psicología" "Mente Consciente" desvió el camino de la evolución de su alma, guiándose por los cinco sentidos materiales, de la naturaleza sensoria animal humana de instintos primitivos, generando el odio contra el odio y sus secuaces. Por esta "Causa" el "Intelecto" que representa al Padre - con el Atributo de "La Voluntad y la Fe" de "Dios Padre", por donde se nos dio "Libre Albedrío" se quedó dormido - inactivo- En el uso de sus "Atributos Divinos" de "La Voluntad y la Fe", siendo por esta "Causa" que el "Intelecto" enfermó, a su "Elemento Mental Femenino - Receptora - Imaginación", creando en el "aura" que rodea al Cuerpo Físico, y en el "aura" que rodea al Planeta, un falso dios de este mundo - o creencias destructivas de las apariencias del mal, que es el falso dios de este mundo, que estamos viendo y sintiendo manifestado en estos momentos, en el Planeta. Y al que se refiere El Amado Maestro "JSUCRISTO" - Cuando nos Dice: El dios de este mundo viene a "MÍ" - y no encuentra en que asirse. - ya que no hay nada igual en su "Consciencia" que lo atraiga, y que ni "Dios - ni los Amados Maestros Ascendidos - Seres Angelicales y los Poderosos Seres Cósmicos pueden desintegrarlo, debido al "Libre Albedrío" que nuestro

"Creador" nos dio, en el "Elemento Mental Masculino - Transmisor - Intelecto.

Esto significa que los únicos que podemos "Transmutar", lo que uno mismo ha creado - somos cada uno de nosotros, con la ayuda de los grandes "Seres Divinos" que representan, al "Dios - Padre Madre" - para las evoluciones de las almas que nos encontramos encarnados, en el "Planeta Tierra".

Esta "Verdad" - Nos Revela - Que sí "Deseamos" "Paz - Armonía - Amor - Salud - Exitos - Riquezas y Felicidad" "Debemos hacer entrega del "Libre Albedrío" uniendo nuestra "Voluntad y Fe" del Intelecto, con "La Voluntad y Fe" de Dios Padre - en una sola "Voluntad" "La del Bien Omnipotente, para que Gobierne, en el "Altar de nuestro Corazón" sobre el Intelecto, y podamos lograr "La Maestría de la "Perfecta Dicha, llamada Felicidad - El Auto Control" de la discordia en los sentimientos, llegando a mantener con "La Voluntad Interior" - Auto - Consciente", del "Fuego Sagrado dentro del "Altar del Corazón" - o "Voluntad de Dios Padre" - a los "Sentimientos Armonizados a toda costa". - Generando en el "Pensamiento" "Imágenes", de la "Perfección del Bien Ilimitado de la Substancia Universal de "La Verdadera Naturaleza de "Dios Padre". - Y no sirviéndole a las "Imágenes rastreras del pensamiento destructivo, de la naturaleza sensoria animal humana de instintos primitivos, del odio contra el odio y sus secuaces, ya que esto es la "Causa", que mantiene a la humanidad, en el infierno, de las enfermedades - pobreza - limitaciones -

discordias - accidentes - robos - crímenes - miedos - dudas y fracasos que destruyen tantas vidas humanas.

"Dios - "Padre Madre" conserva en "Su Mente Universal Infinita y Viviente" - La Imagen Perfecta como Nos Creo - Y en El "Altar de Tu Corazón - El Lugar Secreto del Altísimo", esta una "Chispa Divina de Luz", sacándote por medio del "Yo Dios - Divino Interior de cada Individuo, de las falsas creencias destructivas, o infierno en que habías caído.

Recuerda siempre "La Gran Ley del "Amor Divino" - de tú "Yo - Dios - Divino Interior", que nos da "El Amado Maestro" "JESUCRISTO" - La Clave Secreta para desintegrar, las creencias destructivas del mal.

"SI NO PERDONAREIS LOS ERRORES
A VUESTROS HERMANOS" "VUESTRO
PADRE CELESTIAL" NO PERDONARÁ
LOS VUESTROS:

Y el único "Perdón" que existe en "El Plano Mental Espiritual" es el olvido total en nuestros "Poderes Creadores", Los Pensamientos y Sentimientos - (Palabras) del mal que nos hayan hecho, o el que nosotros le hayamos hecho a otro, ya que es en el Plano de los Pensamientos - Sentimientos (Palabras) donde las Leyes de Justicia Divina, que nos rigen en el "Universo de la Creación Mental" encuentran su aplicación Verdadera.

La "Mente Divina" que nos Creó, no reconoce "Imágenes" del pensamiento de: enfermedad, pobreza, crímenes, robos, impurezas, discordias, egoísmo, orgullo, lujuria, ni limitaciones de ninguna especie. Destierra para siempre de tú mente, todas estas imágenes del pensamiento rastrero inarmonioso y destructivo de creencias del mal, y podrás desterrar de tú cuerpo, hogar, negocios, empresas y finanzas, los efectos de estas causas indeseables.

Es la ley de atracción de los iguales a la que obedecen las Leyes Mentales que nos rigen en el "Universo de la Creación Mental", ya que nuestra "Mente" (Pensamientos y Sentimientos), está en constante actividad y atraemos como el "Imán" atrae las limaduras de hierro, toda cosa sobre la cual "Concentramos" con insistencia, la "Atención de nuestros Poderes Creadores" Los "Pensamientos y Sentimientos" - (Palabras) - querámoslo o no - consciente o inconscientemente.

"SI PUEDES CREER EN TÚ
"IMAGINACION" - DENTRO DEL
ALTAR DE TÚ CORAZÓN - QUE
HAS RECIBIDO ALGO - LO OBTENDRÁS".

El Amado Maestro Nos Revela:

"TODO" LO QUE PIDIERAIS AL PADRE - EN MÍ NOMBRE - CREYENDO QUE LO RECIBISTEIS. SIN DUDAR EN EL CORAZÓN - TE SERÁ CONCEDIDO.

"HASTA AHORA NO HABEIS PEDIDO NADA EN
MI NOMBRE - PEDID Y RECIBIREIS - PARA QUE
VUESTRO GOZO- SEA COMPLETO - SEA HECHO
SEGÚN TU FE".

CAPITULO IV
"SEMEJANZA"

En el "Libro Quinto de Moisés, en los "Diez Mandamientos de "La Ley " vers. 7 - se nos Revela: NO TENDRAS DIOSES DELANTE DE "MÍ".

La Palabra "Dios significa "Creador De Toda La Perfección que Existe en el Universo". Y como somos "HIJOS Creados a Semejanza de Dios"-. Obligatoriamente tenemos que "Ser Creadores" ¿ Y si todo está Creado"? ¿ De que somos Creadores?.

El Amado Maestro "JESÚS EL CRISTO" Nos Revela, en el Evangelio del Amado Maestro Ascendido "San Juan" - En el Nuevo Testamento.

"YO HE DICHO DIOSES SOIS." Y TODOS VOSOTROS HIJOS DEL ALTÍSIMO".

"SED PERFECTOS COMO VUESTRO PADRE CELESTIAL - ES PERFECTO"

Así podemos "Comprender" que como somos "HIJOS DEL PADRE CREADOR" Somos los Creadores de todas las formas que tenemos manifestadas, en nuestro cuerpo - hogar - trabajo - negocios - empresas y finanzas, en armonía al uso que hagamos, de nuestros "Poderes Creadores" "Los Pensamientos y Sentimientos" - que transmitimos con nuestras "Palabras" - El Verbo que se transforma en carne, o formas materiales, en nuestras - vidas y mundo.

El Amado Maestro Ascendido "JESÚS EL CRISTO". Nos Revela en "El Sermón del Monte" en el Evangelio del Amado Maestro "San Mateo"

"YO TE SIRVO COMO TU QUIERAS
QUE YO TE SIRVA"
Libre Albedrío"

Siendo el Amado Maestro Ascendido "JESÚS EL CRISTO" - La Presencia de Dios Individualizado "YO SOY" Manifestado en el "Planeta Tierra, en plenitud de Perfección en: "Espíritu - Mente y Cuerpo" y Revelándonos: "YO TE SIRVO" como tú quieras que "YO TE SIRVA". Y existiendo en cada individuo - una Presencia de Dios Individualizado "YO SOY" El Dios Divino - Interior de cada Individuo que mora en "El Altar de su Corazón" El Lugar Secreto del Altísimo" En la Llama Trina Inmortal de "La Eterna Vida" Poder sabiduría y Amor Divino - al Unísono llamado también "Angel Guardián" Tenemos que "Aceptar" "La Verdad" que nuestra Amada Todapoderosa Presencia de Dios Individualizado "YO SOY" "EL YO - DIOS" Divino Interior de cada individuo, anclado dentro del Altar del Corazón. El Lugar Secreto del Altísimo" por el "Libre Albedrío" que se nos dio, cuando nos "Creó" a Su "Semejanza" le obedece incondicionalmente, a la Voluntad del "Elemento Mental Masculino - Intelecto" que representa al Padre, en el uso que haga de sus Poderes Creadores. "Los

Pensamientos y Sentimientos" que transmitimos con las Palabras - "El Verbo"

Nuestra Vida - nos entra "Pura Divina y Perfecta del Corazón del Creador a través del "Poderoso Cordón Cristalino" penetrando por el tope de la cabeza, anclándose dentro del Altar del Corazón, para alimentar sus latidos, y a los cuatro Cuerpos que forman al ser humano: Físico - Emocional - Mental y Etérico, en correspondencia con los "Cuatro Elementos de la Naturaleza" "Tierra - Agua - Aire y Fuego".

Así tenemos que hacer uso de "La Buena Voluntad - o Voluntad de Dios Padre - dirigiendo la Atención de los "Pensamientos y Sentimientos" (Palabras) hacia la Perfección del "Bien Ilimitado de la Substancia Universal, de la Verdadera Naturaleza de Dios Padre" - "La Madre del Mundo" - que es "Puro Amor Divino - "Equilibrio - Armonía y Perfección y podamos ser libres de la naturaleza sensoria animal humana de instintos primitivos, que genera y transmite en las palabras, el odio contra el odio y sus secuaces. Causa de la destrucción de la raza humana.

La Comprensión amplia de la "Semejanza" en nuestra Voluntad del Elemento Mental Masculino Transmisor - Intelecto - que representa al Padre. En cumplimiento de la "Suprema Voluntad de Dios Padre dentro del "Altar del Corazón" como "Hijos Creadores" a través del "Pensamiento y Sentimiento" (Palabras) Constructivas - Armoniosas - es lo que configura - La Verdadera Voluntad de Dios Padre. Y cuanto más alto se encuentre nuestra "Comprensión" de haber sido Creados, a "Semejanza de Dios" "Padre - Madre mayor es nuestra "Fortaleza - Fe - Poder y Protección, en nuestra "Voluntad Interior"

La Voluntad de "Dios Padre - dentro del Altar del Corazón" - expresándose en nuestro seno frontal es la que nos da El Poder - En el centro laringeo, en la raíz de la lengua para el logro de la Maestría del "Auto-Control" de la discordia en los sentimientos, llegando a mantener a los sentimientos armonizados a toda costa, ya que los Sentimientos, son los que contienen "La Luz" que le dan Vida a la forma de la "Imagen" contenida en el "Pensamiento" y la obligan a manifestarse, en nuestro cuerpo y mundo que nos concierne. Y son "El Reino de los Cielos o Reino de la Luz" que "El Amado Maestro Ascendido "JESÚS EL CRISTO". Nos Revela que está dentro de nosotros. Y al que tenemos que buscar primeramente - junto con su Justicia que son las "Leyes" que nos rigen armoniosamente en el "Universo de la Creación Mental".

Nuestra Buena Voluntad - Fortaleza y Fe - son Atributos - Divinos de Dios Padre en nuestra Consciencia Mental Espiritual Interna, y son la misma VOLUNTAD y FE de "DIOS Nuestro PADRE CREADOR. El Unico Poder Gobernante - Conquistador y Victorioso en todo el Universo y en la Vida y Mundo del Individuo, que solo reconoce - acepta y manifiesta la Perfección de la Verdadera Naturaleza - Madre del Mundo y el "Hombre o Yo" - Masculino -

Varón" que es "AMOR DIVINO". Es un faro de "Luz Electrónica" - Incandescente   que rodea el cuerpo físico formando nuestra aura, no permitiendo que seamos afectados por sugestiones inarmoniosas destructivas y limitadas de la naturaleza animal externa sensoria humana de instintos primitivos, que insinúa el odio contra el odio y sus secuaces: resentimientos - insultos - envidias - egoísmo - orgullo - soberbia - malas intenciones - lujurias - robos crímenes - accidentes - enfermedades - pobrezas - crítica y   mala condenación al prójimo y a la Vida o Dios en todas sus manifestaciones, y lo que llaman brujería que tanto temen las personas. Los brujos o personas que se encargan de mandarles espíritus inmundos o malas intenciones a personas inocentes que no gobiernan con su "Voluntad y Fe Superior", las energías de su propio mundo, son pichones de magos negros y no saben que estamos regidos y gobernados por Leyes Mentales Superiores, que son la Justicia Divina que nos hace pagar con creces el mal que le hayamos enviado a otros.

Con relación a esto el Divino Maestro "JESÚS EL CRISTO" Nos Revela. En el Sermón del Monte en el Evangelio del Amado Maestro - "San Mateo"

CUANDO EL ESPIRITU INMUNDO HA SALIDO
DEL HOMBRE, ANDA POR LUGARES SECOS
BUSCANDO REPOSO Y NO LO HAYA,
¿ENTONCES DICE: ME VOLVERÉ A MI CASA
DE DONDE SALÍ: Y CUANDO LLEGA LA HALLA
DESOCUPADO - BARRIDA Y ADORNADA?.

ENTONCES TOMA CONSIGO OTROS
SIETE ESPIRITUS PEORES QUE EL,
Y ENTRADOS MORAN ALLÍ, Y   EL
POSTRER ESTADO DE AQUEL HOMBRE
VIENE A SER PEOR QUE EL PRIMERO.

ASÍ ACONTECERÁ A ESTA MALA GENERACIÓN.

De acuerdo a los que nos Revela el Divino Maestro "JESÚS EL CRISTO". El espíritu inmundo que sale de la boca del hombre o yo - varón - intelecto - masculino - o mala voluntad y mala fe, es la mala intención producto del odio y sus secuaces lanzadas por las palabras de los pichones de magos negros. Estos espíritus inmundos llenos de odio - resentimiento - envidias y egoísmo de la mente externa de instintos primitivos, andan por lugares secos, donde no existen "Sentimientos de Amor Divino", sino el odio y sus secuaces, y como en el odio no hay reposo o paz, sino desarmonías destructivas, las personas viven en el infierno en su consciencia y mundo, llenos de angustia - dudas - miedo y malas intenciones, que lo llevan a destruirse a él - su familia y bienes materiales. Entonces dice: Me volveré a mi casa o mente femenina - subconsciente de donde salí y cuando regresa halla la mente femenina - subconsciente de la persona que lo envió, desocupada de toda creencia del bien, barrida de toda cosa buena, y adornada de todas las creencias destructivas del mal y sus frustraciones y limitaciones. Entonces va y toma consigo o se une en cumplimiento de la Ley de atracción de los iguales, a siete espíritus o creencias destructivas peores que las que el envió y mora o viven allí en la mente subconsciente de esas personas, y el postrer o posterior estado o vida de aquel hombre, o yo - varón - principio mental masculino viene a ser peor que el primero que tenía, produciéndole el sufrimiento y dolor como efecto de la causa generada, destruyéndose él - su familia y bienes materiales.

Así acontecerá a esta mala generación o personas que así mal usan los Poderes Creadores de Dios a través de su Mente, los Pensamientos - Sentimientos (Palabras).

Es la Ley de Causa y Efecto - Ritmo y Polaridad que se cumple para el Bien o para el mal.

Así comprendemos el porque tenemos que obrar armoniosamente en nuestros Poderes Creadores de Formas, los Pensamientos - Sentimientos (Palabras), en cumplimiento de la "Voluntad de Dios Padre", Creando en nuestro "Elemento Mental femenino" Imaginación - Mente Subconsciente y la de los demás, la misma Perfección del Bien ilimitado de la Vida, que nuestro Padre Creador, Crea en su Naturaleza - Madre, que es puro "Amor Divino" llegando a regenerar - nuestros cuatro cuerpos inferiores: Físico - Emocional - Mental y Etérico, logrando la armonía con los cuatro Elementos de la naturaleza de Dios: Tierra - Agua - Aire y Fuego que es por donde la Presencia de Dios Padre "YO SOY" nuestro Dios Divino Interior, nos provee del Bien que pudiéramos necesitar para nuestro uso.

Esta "Semejanza" con que fuimos Creados en la "Voluntad - Fortaleza y Fe de Dios Padre, es por donde se nos dio Libre Albedrío - escogencia o selección en nuestra forma habitual de Pensar - Sentir - Hablar - Dicidir en nuestra Voluntad y Creer en el Bien o el mal. Con nuestra Fe. Y siendo la Voluntad de Dios Padre, la única Presencia Inteligencia y Poder Gobernante en el Universo, que sólo genera Perfección. Así nuestra "Voluntad - Fortaleza y Fe" debe ser la única Presencia - Inteligencia y Poder Gobernante en nuestras expresiones en la "Palabra", al calificar al prójimo y a la Vida en todas sus manifestaciones, en la Perfección del Bien - ilimitado de la Vida.

Por el Libre Albedrío que se nos dio cuando fuimos Creados a "Semejanza de Dios" toda apariencia inarmoniosa y destructiva que nos produce infelicidad en nuestras vidas, es nuestra voluntad y fe mal usada la que está cumpliéndose allí, y sólo necesitamos cambiar la mala voluntad y mala fe, a la "Buena Voluntad" Y Fe, en el uso que le damos a nuestros Poderes Creadores, los Pensamientos - Sentimientos (Palabras).

Una persona puede ser inflexible en su Voluntad, así su determinación en asegurarse una posición económica - social de gobierno - religiosa o un título profesional. Esto le proporciona cierta coherencia en su carácter, no obstante este tipo de persona cuando se enfrentan a un problema afectivo de los sentimientos, se comporta como una persona débil y vacilante ante el problema emocional que pueda confrontar.

Esto se debe a la carencia del conocimiento del desarrollo y práctica de la "Buena Voluntad - Fortaleza y Fe", o "Voluntad de Dios", que abarca todos los aspectos de nuestra Vida, la falta de un propósito o meta definida en nuestra Voluntad - Fortaleza y Fe, consagrado en el "Espíritu de Servicio en el cumplimiento de la "Voluntad de Dios, reprime nuestra "Energía Superior, matando las facultades de la "Imaginación Creadora" impidiendo realizar la "Semejanza" con Dios en su Buena Voluntad - Fortaleza y Fe.

El "Ideal o Meta" en el Espíritu de Servicio Consagrado en el Cumplimiento de la "Voluntad - Fortaleza y Fe de Dios", hacia el prójimo en un bien común, es un gran estimulador del "Sentimiento de Amor Divino" que es quien le da vida y hace manifestar la forma de la "Imagen contenida en el Pensamiento".

Nuestra "Voluntad del Elemento Mental Masculino - Intelecto, tiene que ser como un ejercito en tiempo de paz, no debe utilizarse para esclavizar a los demás e imponerles nuestros pensamientos, ya que esto es violar el "Libre Albedrío", derecho inviolable dado por "Dios Padre" a todo Individuo para que pueda "Decidir en su Voluntad" y Creer con su Fe por si mismo, un "Plan de Vida", como el escoja libremente.

La "Voluntad - Fortaleza y Fe" dentro del "Fuego Sagrado" del Altar del Corazón" "El Lugar Secreto del Altísimo" expresándose en nuestra "Fuerza de Voluntad y

Fe". En el Elemento Mental Masculino - Transmisor - Intelecto - que representa al Padre, no busca sugestionar con discordia y malas creencias a otros. Y se usa es para "Disciplinarse - Purificarse y Perfeccionarse" uno mismo - logrando el "Auto-Control" de la discordia en los Sentimientos, llegando a mantener con "La Voluntad Consciente a los Sentimientos Armonizados", a toda costa, no permitiendo la expresión en las "Palabras" destructivas de la naturaleza sensoria animal humana de instintos primitivos, que genera el odio contra el odio y sus secuaces, Causa de todo el dolor y sufrimiento humano.

El Amado maestro Ascendido "JESÚS EL CRISTO" Nos Revela:

"PARA EL QUE CREE - TODO ES POSIBLE"
"SEA HECHO SEGÚN TU FE"
"TU FE TE HA SALVADO"

Y LA VERDADERA FE". Es Convicción en lo que no se Ve". - Certeza del Bien que esperamos recibir del Reino Ilimitado de "La Substancia Universal" de la Naturaleza de "Dios Padre" que es "Amor Divino - Equilibrio - Armonía y Perfección".

El Angel del Amado Arcángel Gabriel - Pureza - Resurrección a Ascensión - de la "Luz Blanca Brillantísima. Nos Revela:

"GLORIA A DIOS EN LAS ALTURAS DE LA LUZ"

Y PAZ EN LA TIERRA - (O EN LAS FORMAS DE
LAS IMÁGENES DEL PENSAMIENTO)

A LOS HOMBRES (O "YO INTELECTOS DE
BUENA VOLUNTAD o VOLUNTAD
DE DIOS PADRE".
DENTRO DEL ALTAR DEL CORAZON "EL
LUGAR SECRETO DEL DIOS VIVIENTE".

"EL UNICO - DUEÑO - DADOR - Y HACEDOR - DE
TODO EL BIEN QUE PUDIERA ENTRAR EN
NUESTRAS VIDAS Y MUNDO".

CAPITULO V

"JUAN EL BAUTISTA - ANTECESOR DEL "CRISTO" "EL UNIGÉNITO DEL PADRE" O PRESENCIA MAESTRA DE DIOS INDIVIDUALIZADO "YO SOY" "EL DIOS DIVINO INTERIOR DE CADA INDIVIDUO" ANCLADO DENTRO DEL "ALTAR DEL CORAZÓN" "EL LUGAR SECRETO DEL ALTÍSIMO".

"EL VERDADERO BAUTISMO CON AGUA PARA PODER CONVERTIRNOS EN CRISTIANOS"

"LOS DOS DISCÍPULOS QUE BAUTIZABAN CON AGUA - CON "JUAN EL BAUTISTA" EN EL RÍO JORDÁN - "ANDRÉS Y SIMÓN - PEDRO".

"LOS DOS PRIMEROS DISCÍPULOS ESCOGIDOS POR "EL AMADO" "JESÚS EL CRISTO" "FELIPE Y NATANAEL - O BARTOLOMÉ".

"BODAS DE CANÁ DE GALILEA - " Y LA TRANSMUTACIÓN DEL AGUA EN VINO".

"Y SU SIGNIFICADO A NIVEL MENTAL ESPIRITUAL CÓSMICA CRÍSTICA - DENTRO DE LA CONSCIENCIA O ALMA EN EL CUERPO TEMPLO DEL DIOS VIVIENTE DEL INDIVIDUO. COMO ESTÁ REVELADO POR EL AMADO "JESÚS EL CRISTO" EN EL EVANGELIO DEL AMADO MAESTRO ASCENDIDO "JUAN EL AMADO.

El Reino Subconsciente y Supraconsciente dentro del "Cuerpo templo del Dios Viviente en el Individuo "contiene" Doce grandes centros de "Energía - Substancia - Luz (llamados Chakras por los orientales) que significan - rueda o círculo - y representan en la Simbología" como fue escrito "El Nuevo Testamento" a los "Doce Discípulos" que acompañaron al "Hombre Jesús de Nazaret" en su "Ascensión - a "La del Divino Maestro "JESÚS EL CRISTO" - Y son los que tienen que acompañar, Al "Elemento Mental - Masculino - Transmisor "Intelecto" de cada Individuo - con el Atributo de "La Voluntad - Fortaleza y Fe" de "Dios Padre", en la regeneración de su Elemento Mental-Femenino - "Imaginación - Receptor y Creador" que forma su "Alma o Consciencia "(Pensamientos y Sentimientos creados por el mismo) y pueda nacer en el "Altar del Corazón".

"El Lugar Secreto del "Dios Viviente" El "Yo Cristico" - "El Dios Divino Interior de cada Individuo - que penetra por el tope de la cabeza, a través del "Poderoso Cordón Cristalino"- procedente del "Corazón del Origen de la Creación "anclándose dentro del "Altar del Corazón" para alimentar sus latidos y a los cuatro cuerpos que forman al "Ser Humano" Incrementando la Divinidad del Alma" Trayendo Paz-Armonía-Salud-Exitos-Riquezas y Felicidad, en el Hogar y Mundo del Individuo- en Correspondencia con los "Cuatro Elementos de "La Naturaleza de Dios Padre" - La Madre del Mundo - "Amor Divino - Puro - Equilibrio -

Armonía y Perfección - Invisibles y Visibles - "Tierra - Agua - Aire y Fuego.

En la "Simbología" como fue "Escrita "La Sagrada Biblia." Los Personajes representan aptitudes de "Consciencia" (Pensamientos y Sentimientos)" que forman el "Alma" del Individuo.

El Amado Maestro Ascendido "JESÚS EL CRISTO". Representa a "La Amada Todapoderosa Presencia Maestra de "Dios Individualizado" "YO SOY" "El Dios Divino Interior de cada individuo" - Manifestada en "Plenitud de Perfección en: "Espíritu - Mente y Cuerpo" por "JESÚS DE NAZARET".

"El Vino a Valorizar a la "Raza Humana. Revelándonos "La Verdadera Naturaleza de "Dios Padre" - La Madre del Mundo - que es "Amor Divino - Puro" Equilibrio - Armonía y Perfección" Y las "Leyes o Principios" que nos rigen Armoniosamente, en "El Universo de la Creación Mental" a través de los "Poderes Creadores más grandes en "El Universo y en la Vida y Mundo del Individuo" - en "Sus Mandamientos" En "El Gran Sermón del Monte". En el "Evangelio del Amado Maestro "San Mateo", expuestas en mi Primer Libro" "Psicología Transcendental de "Cristo" - Siendo en el "Plano de los "Pensamientos y Sentimientos" donde "Las Leyes o Principios del "Amor Divino - Puro - Equilibrio - Armonía y Perfección" del "Yo Dios Divino Interior de cada Individuo que nos rigen encuentran su aplicación Verdadera.

En "La Santísima Trinidad" "El Padre El Poder - El Hijo - La Sabiduría - Y El Espíritu Santo - Madre Sentimientos de Puro "Amor Divino" - obran al Unísono, generando sólo "La Perfección del Bien Ilimitado de la Substancia Universal de la Vida - expresándose en nuestras "Mentes y Cuerpos" "El Padre - El Poder - En nuestra "Voluntad - Fortaleza - y Fe" - "El Hijo - En nuestra Sabiduría - En nuestros Pensamientos - Conceptual - Superiores Eternos - Inmutables - "El Espíritu Santo - Madre - En nuestros "Sentimientos - Armoniosos - Puros - de "Amor Divino".

Así en el uso que hagas con tu "Voluntad" de tus "Poderes Creadores" Los "Pensamientos y Sentimientos" - que transmites con tus "Palabras" - El Verbo - Estas usando - "La Plena Actividad de "Dios en Acción - o La Presencia de "Dios Individualizado" "YO SOY "El YO - Dios Divino Interior de cada Individuo, dentro del "Altar de tu Corazón". Recuérdale constantemente a tu "Mente Intelecto" - que no hay otra causa, para producir todo bien deseado; en tu "Cuerpo y Mundo". Que "La Chispa Divina del Dios Divino Interior" que llevas dentro del "Altar de tu Corazón "El Lugar Secreto del "Dios Viviente".

Trata de Pensar y Sentir" En el "Poder - Fortaleza y Fe de "La Suprema Voluntad de Dios Padre" dentro del "Altar de tu Corazón" Expresándose en tú "Voluntad - Fortaleza y Fe" a través del "Altar de tu Corazón" - El Lugar Secreto del Altísimo - " El Dios Viviente".

El Amado Maestro Ascendido "JESUS EL CRISTO" - Profetizó el advenimiento de una "Raza de Hombres" o "Yo" que se Sentaría con "El". En Doce tronos juzgando a las "Doce Tribus de Israél" - que representan, a los "Doce Poderes" o Centros de Energía - Substancia "Luz" en el "Cuerpo Templo de Dios Viviente" del Individuo" (Llamados Chakras por los Orientales).

Este "Libro" - ¿Cómo Dios Creó al Hombre?"-Basado en "El Evangelio del Amado Maestro Ascendido "Juan El Amado" - Explica a nivel "Mental Espiritual Cósmica Crística" - dentro del "Cuerpo Templo del Individuo" haciéndonos conocer el significado de los "Personajes" "Juan El Bautista" - Antecesor del "Cristo" - y de los "Dos Discípulos o Centros de "Energía - Substancia - Luz que "Bautizaban con Agua" o Auto-Control de la discordia en los sentimientos" - Andrés y Simón llamados Pedro posteriormente. - El Verdadero Bautismo con Agua- Los Dos Primeros Discípulos escogidos por "El Amado Maestro Ascendido "JESUS EL CRISTO" Felipe y Natanael " o Bartolomé" "Las Bodas de Caná de Galilea" - y la Transmutación del "Agua en Vino" - y "El Despertamiento o Desarrollo" - en nuestras "Consciencias o Alma" "Pensamientos y Sentimientos" de los "Dos Primeros Discípulos" - o Centros de Energía Substancia - Luz" "Andrés y Simón - Pedro" para que podamos lograr "El Verdadero Bautismo con Agua" o Auto-Control de la discordia en los sentimientos - llegando a mantener con la Fuerza de Voluntad - Consciente a los Sentimientos

Armonizados a toda costa. Y la "Auto-Corrección de la "Atención de los "Pensamientos" (Palabras). No dejándolos correr hacia los falsos conceptos o creencias destructivas de las apariencias del mal. Y así podamos realizar "La Limpieza del Altar del Corazón" - "El Lugar Secreto del Dios Viviente". En su parte inconsciente, de la naturaleza sensoria animal humana de instintos primitivos que genera y transmite en las palabras, las discordias del odio contra el odio y sus secuaces: insultos - ofensas - agresividad - resentimientos - envidias - egoísmo - celos - orgullo - soberbia - crítica y malas condenación al prójimo - crímenes - robos - etc.

Y así podamos "Desarrollar dentro del "Altar del Corazón" al Unigénito del Padre "El Cristo Viviente" "El "Yo - Dios - Divino Interior de cada Individuo. En estos momentos de "Transición en que nos encontramos, todos los "Seres Humanos" pasando de la naturaleza sensoria animal humana de instintos primitivos - que genera el odio y sus secuaces. A La Verdadera Naturaleza de "Dios Padre" La Madre del Mundo - "Sentimientos - Puros de Amor Divino" - Equilibrio - Armonía y Perfección" - que se manifiesta, a través de los "Cuatro Cuerpos que forman al "Ser Humano" - "Físico - Emocional - Mental y Etérico - En Correspondencia con los Cuatro Elementos de "La Naturaleza" "Tierra - Agua- Aire y Fuego. - Invisibles y Visibles

Todos los "Seres Humanos" tenemos que hacernos "Auto - Conscientes", En El Elemento Mental - Masculino - Transmisor Intelecto que representa al Padre - con los

Atributos de: "Fortaleza - Fe - Ppoder y Protección de la "Voluntad de Dios Padre" . que por el mal uso del "Libre Albedrío" - En La Voluntad desde la caída del "Hombre - Intelecto" En el oscurantismo. Hemos - pensado - sentido - hablado - equivocadamente, desviando el camino de la Evolución del Alma "Creando en Nuestra" aura" que rodea al cuerpo y en el "aura" que rodea al planeta, un falso dios de este mundo, de creencias destructivas de las apariencias del mal, generadas, por el odio contra el odio y sus secuaces, de la naturaleza sensoria animal humana de instintos primitivos. Siendo el falso dios al que se refiere - El Amado Maestro "JESÚS EL CRISTO" - cuando nos dice: "El dios de este mundo viene a "MÍ" y no encuentra en que asirse" - Porque no hay nada igual en "Su Consciencia" - (Pensamientos y Sentimientos) que lo atraiga.

Atraemos como el imán atrae las limaduras de hierro. Toda cosa sobre la cual "Concentramos con insistencia" La Atención de nuestros Poderes Creadores - Los Pensamientos y Sentimientos- (Palabras) - consciente o inconscientemente.

"LA SAGRADA BIBLIA" - menciona - LA PRIMERA y SEGUNDA venida del "CRISTO VIVIENTE" - El Unigénito del "Dios Padre - Madre" - Viviente o Presencia Maestra del "Yo - Dios - Divino Interior de cada Individuo" - Que está anclado dentro del "Altar del Corazón" - "El Lugar Secreto del Altísimo". Esperando nuestro "Amor" "Adoración - Devoción y Fe".

La Primera venida del "Cristo" o Presencia del "Yo Dios Divino Interior de cada Individuo, representa la "Comprensión" por nuestro " Elemento Mental - Masculino - Transmisor, Intelecto de nuestro "Yo Dios - Divino Interior" anclado dentro del "Altar del Corazón" El Lugar Secreto del "Altísimo".

Y la Segunda venida del "Cristo" representa la "Limpieza del "Altar del Corazón". "El Lugar Secreto del Dios Viviente" - a través del "Verdadero Bautismo con Agua" - o Auto-Control de la discordia en los sentimientos, llegando a mantener con la "Voluntad Auto-Consciente, del "Elemento Mental - Masculino - Transmisor - Intelecto - que representa al Padre, a los "Sentimientos Armonizados a toda costa. Para poder lograr la "Auto-Corrección" de la "Atención" del "Pensamiento" - (Palabras) no dejándolo correr hacia los falsos conceptos, o creencias destructivas de las apariencias del mal, generadas por la naturaleza sensoria animal humana de instintos primitivos, de las discordias del odio contra el odio y sus secuaces. Causa de todo el dolor y sufrimiento humano.

En la Revelación del "Amado Maestro Ascendido "JESÚS EL CRISTO" - En el Evangelio del "Amado Maestro Ascendido "San Juan", en "El Nuevo Testamento". Aparece un "Hombre" o Yo- Intelecto - Bautizando con Agua, en el río Jordán. Llamado "Juan El Bautista", y junto con el dos de sus Discípulos - Andrés y Simón - llamado Pedro posteriormente, y se nos dice que eran "Hermanos", "Hijos de un mismo Padre".

Juan. El Bautista, representa en nuestra "Consciencia" - (Pensamientos y Sentimientos), al "Elemento Mental Masculino - Transmisor - Intelecto - que se ha hecho "Auto-Consciente, en su "Voluntad" de "La Suprema" "Voluntad" de "Dios Padre" y hace entrega del "Libre Albedrío" - uniendo su "Voluntad del Intelecto" con la Voluntad del "Yo Dios - Divino Interior de cada Individuo, para que "Gobierne la Suprema Voluntad de "Dios Padre", en el corazón sobre el Intelecto - La abundancia de todo "Bien Deseado".

Y el "Intelecto" de cada Individuo, debe decir como el Intelecto de Juan El Bautista dijo: "Es Necesario que "Yo mengue para que "El" Crezca".

En el Evangelio del Amado Maestro "San Mateo" - El Amado Maestro Ascendido "JESÚS EL CRISTO" - Nos Revela y nos dice del Intelecto de "Juan El Bautista - que es el "Elemento Mental - Masculino - Transmisor - Intelecto que representa al "Padre" en la Mente de cada Individuo.

"PORQUE ESTE ES DE QUIEN ESTA ESCRITO"
"HE AQUÍ "YO" ENVIO MI MENSAJERO
DELANTE DE TU FAZ" - EL CUAL PREPARÁ EL
CAMINO DELANTE DE TI".

"DE CIERTO OS DIGO: ENTRE LOS NACIDOS
DE MUJER - NO SE HA LEVANTADO OTRO
MAYOR QUE "JUAN "EL BAUTISTA" - PERO
EL MAS PEQUEÑO EN EL REINO DE LOS

CIELOS" MAYOR ES QUE EL".

Con esta "Revelación del Amado Maestro Ascendido "JESÚS EL CRISTO" En los Evangelios de los "Amados Maestros Ascendido: "San Juan" y "San Mateo". Todos los Intelectos de los seres humanos, tenemos que convertirnos en el "Símbolo de Consciencia Crística Interna" del Intelecto" de "Juan El Bautista" - Antecesor del "CRISTO".

De los "Dos Discípulos", o Centros de "Energía - Substancia - Luz" que andaban con "Juan El Bautista" - o Intelecto de cada Individuo - Bautizando con Agua" o "Auto-Control" de la discordia en los "Sentimientos" llegando a mantener, a los "Sentimientos" Armonizados a toda costa. "Andrés - representa "La Fuerza de la Voluntad" - "Auto - Consciente en el Intelecto de cada Individuo - que ha unido su "Voluntad", con "La Suprema Voluntad de Dios Padre". "La abundancia" de todo bien deseado". Para que Gobierne "La Voluntad de Dios Padre". En el Altar del Corazón - sobre el Intelecto - y hace entrega del "Poder que se nos dio, en el Libre Albedrío, en la Voluntad del Intelecto" que representa al "Padre" y Dice: "Es necesario que "Yo mengue para que "El Cristo" - o El Yo - Dios Divino Interior de cada Individuo, pueda crecer, en el "Altar del Corazón - "El Lugar Secreto del Altísimo En la llama Trina Inmortal de la Eterna Vida. "Poder Sabiduría y Amor Divino, al Unísono - que no se ha llegado a desarrollar, por la discordia en los sentimientos, generados por el odio contra el odio y sus secuaces de la naturaleza sensoria animal humana de instintos primitivos - que ningún humano quiere reconocer que el mismo, es el creador de todo lo que tiene manifestado en su cuerpo y mundo que le concierne, por la transgresión a la Magna Ley del Amor Divino.

El segundo Discípulo que andaba con "Juan El Bautista" o Intelecto de cada individuo, Bautizando con Agua - o realizando la limpieza del "Lugar Secreto del Dios Viviente" "El Altar del Corazón - "El Lugar Secreto del Altísimo - Simón llamado "Pedro " posteriormente por "El Amado "JESÚS EL CRISTO" - representa la Fe - ubicado en el Centro del Cerebro - en la glándula Pineal. Y por el Libre Albedrío que se nos dio en el Intelecto. Es el Poder de Creer o Aceptar" en nuestro Elemento Mental - Femenino - Receptor - Imaginación - lo que nos convenga tener manifestado en nuestro Cuerpo - Hogar- Trabajo - Negocios - Empresas y Finanzas, en el Bien - Armonioso - Constructivo, generado por la "Verdadera Naturaleza de Dios Padre - La Madre del Mundo - que es Amor Divino - Equilibrio - Armonía y Perfección, o en las apariencias destructivas del mal, generadas por las discordias del odio contra el odio y sus secuaces, de la naturaleza sensoria animal humana de instintos primitivos.

Estos "Dos Discípulos" o Centros de "Energía - Substancia - Luz" "Andrés - La Fuerza de la Voluntad - y Simón Pedro - La Fe" - pertenecen al "Primer Rayo - Azul y Cristal" - de: "Fuerza - Fe Poder y Protección de "La Suprema Voluntad de "Dios Padre" - y se nos "Revela" En el Evangelio del Amado Maestro Ascendido "San Juan" - que eran "Hermanos - Hijos de un mismo Padre".

Y son los "Dos Discípulos o Centros de "Energía - Substancia- Luz - que nos dan el "Poder" del Verbo"o Logos Viviente - En "La Palabra del Dios Viviente Interior - que es La Infinita Perfección de "La Verdadera Naturaleza de "Dios Padre - "Amor Divino - Equilibrio - Armonía y Perfección" para el logro de la Maestría del Verdadero Bautismo con Agua - o "Auto - Control" de las discordias en los sentimientos, llegando a mantener con la "Voluntad Auto-Consciente, a los "Sentimientos Armonizados a toda costa. Y podamos realizar la "Segunda venida del "Cristo Viviente" dentro del "Altar del Corazón - con la "Limpieza de nuestro "Lugar Secreto del Altísimo - con el Verdadero "Bautismo con Agua" o "Auto-Control" de las discordias en los sentimientos-causa de todo el dolor y sufrimiento humano.

Al lograr cierto grado de Auto-Control de las discordias en los sentimientos - se nos Revela: En el Evangelio del Amado Maestro Ascendido "San Juan" que "El Amado Maestro Ascendido "JESÚS EL CRISTO" - o nuestro "Yo Dios - Divino Interior-anclado dentro del la "Cámara Central," del "Altar del Corazón" "El Lugar Secreto del "Dios Viviente" - Aparece a orillas del "Río Jordán" - o fuera de las emociones, de las discordias en los sentimientos generados por la naturaleza sensoria animal humana, de instintos primitivos- del odio contra el odio y sus secuaces.

Y "Juan El Bautista" - o nuestro - "Elemento Mental" - Masculino   -Transmisor-Intelecto-Auto-Consciente-de   su "Yo Dios - Divino Interior" - dentro del "Altar de su

Corazón" "Lo Ve o lo Siente" y le enviamos, el primer" - Discípulo - o Centro de Energía - Substancia - Luz - "Andrés" o la "Fuerza de la Voluntad de "Dios Padre para que Gobierne - en el Corazón - sobre el Intelecto - "La Abundancia de "Todo Bien Deseado" - y Andrés - La Fuerza de la Voluntad - va y busca a su "Hermano" Simón - llamado "Pedro" posteriormente - por "El Amado Maestro Ascendido" "JESÚS EL CRISTO" - y se lo trae al "Cristo" - o "El Yo Dios Divino Interior de cada Individuo.

Con estos - "Dos Discípulos o Centros de Energía - Substancia - Luz" "Andrés" La Fuerza de la Voluntad - y Simón - Pedro - La Fe - El Amado "JESÚS EL CRISTO" o nuestro Yo Dios Divino Interior dentro del - "Altar del Corazón - Sube a Galilea - Galilea- representa al Poder del Verbo - La Palabra de Perfección - del "Bien Ilimitado de la Verdadera naturaleza de "Dios Padre "La Madre del Mundo - que es "Puro Amor Divino- de la Substancia Universal que es "Infinita y nunca se agota, de donde nos viene - todas las riquezas visibles - para nuestro uso. Y escoge a "Felipe" - Felipe representa - El Poder del Verbo - La Palabra - que se hace carne - o manifestaciones de formas materiales - en nuestro: cuerpo - hogar - trabajo - negocios - empresas y finanzas.

Y Felipe - En el "Centro Laringeo- en la raíz de la lengua- que es de la misma - "Ciudad" o Consciencia Interna de "Andrés - y Simón - Pedro - va y busca a Natanael - o Bartolomé que representa a la "Imaginación Creadora" -

ubicada en el "Tercer Ojo - o "Ojo de la "Mente Crística Interior en el entrecejo - y se lo lleva al Cristo Interior.

Con estos "Cuatro Discípulos - o Centros de "Energía Substancia Luz -Andrés - la Fuerza de "La Voluntad Superior Interna" "Simón - Pedro "La Fe" - El Gran Poder Conquistador y Victorioso que mata todo miedo y duda en nuestros "Corazones y Mentes"- "Felipe - El Poder del Verbo" - "La Palabra - convertida en "Acción Instantánea - y Natanael - o Bartolomé" "La Imaginación Creadora - liberada de toda falsa creencias destructivas de las apariencias del mal. "El Amado Maestro Ascendido - "JESÚS EL CRISTO" - o nuestro "Yo - Dios Divino Interior" - Realiza las "Bodas de "Caná" de Galilea" o Unión Mística de los "Dos Grandes Elementos de la Naturaleza de Dios Padre "La Madre del Mundo - "Amor Divino - Armonía - Equilibrio y Perfección"- El Intelecto - con los Atributos Divinos de: La Voluntad - Fortaleza Fe y Poder" y la - Imaginación - Receptor y Creador con el Atributo Divino de la Imaginación en el Pensamiento - Intensamente "Sentidas" - que luego veremos manifestados, en nuestro "Cuerpo y Mundo que nos concierne. Y Transforma o Transmuta" El Agua - Emoción - En Vino que es Rosado - y representa - a "La llama Rosa de "Amor Divino - Adoración - Confort y Perfección - de La Verdadera Naturaleza de "Dios Padre - La Madre - del Mundo - Equilibrio - Armonía y Perfección - y así obramos en "La Mente Universal Infinita y Viviente de "Dios Padre Madre" y podamos cumplir con lo que "El Amado Maestro "Ascendido" "JESÚS EL CRISTO" nos "Manda a Realizar" cuando nos

Dice: En el "Evangelio Del Amado Maestro" "San Mateo" -
En El Gran Sermón del Monte".

"ENTRAD POR LA PUERTA ESTRECHA
PORQUE ANCHA ES LA PUERTA
Y ESPACIOSO EL CAMINO QUE LLEVA A
LA PERDICIÓN DE LA FELICIDAD"

"PORQUE ANGOSTA ES LA PUERTA
Y ESTRECHO EL CAMINO QUE LLEVA
A LA VIDA FELIZ". Y MUY POCOS SON LOS
QUE LA ENCUENTRAN.

El Amado Maestro Ascendido "JESÚS EL CRISTO" -
Nos previene, de la "Puerta ancha y el "Camino espacioso
que lleva a la perdición de "La Felicidad" cuando nos dice:

"DE TODA PALABRA OCIOSA
QUE HABLAREN LOS HOMBRES
DE ELLA DARA CUENTA EN
EL DIA DEL JUICIO".

"PORQUE POR TUS PALABRAS
SERÁS CONDENADO" Y POR TUS
PALABRAS SERÁS JUSTIFICADO"

O Liberado de mal alguno, ya que no lo pronuncias, en
tus "Palabras" - El Verbo" que se hace carne, o
manifestaciones de formas materiales, en el: Cuerpo- Hogar

- Trabajo - Negocios - Empresas y Finanzas, del Individuo. "Consciente o Inconscientemente: Querámoslo o no".

Esta es "La Gran Ley de la Vida - que nadie puede cambiar: "Atraemos como el imán atrae las Limaduras de hierro. Toda cosa sobre la cual concentramos con insistencia". "La Atención de nuestras Palabras: El Verbo - "Pensamiento y Sentimiento" "Hablado".

Cuando el "Elemento "Mental Masculino - Transmisor - Intelecto - con El Atributo de la Voluntad - comprenda Conscientemente" que "El Yo- Dios Divino Interior" que lleva dentro del "Altar de su Corazón - "El Lugar Secreto del "Dios Viviente" ES EL DUEÑO " EL DADOR" "Y "EL HACEDOR" DE TODO EL BIEN QUE PUEDA ENTRAR EN SU VIDA Y MUNDO". - automáticamente todas las cosas buenas comienzan a fluir hacia él y su mundo como por arte de magia. Porque la "Atención de sus "Poderes Creadores". "Los "Pensamientos y Sentimientos (Palabras) puestas en su "Verdadero Origen" es "La Llave Maestra de Oro", que le - "Abre la Puerta a Todo Bien Deseado, para su uso.

Con esta "Sabiduría" - Revelada en este "Libro - ¿Cómo Dios Creó al Hombre?" - Todos los "Intelectos" de todo Individuo - tenemos que convertirnos, en el "Símbolo del Intelecto" de "Juan El Bautista" Antecesor del "Cristo Viviente" El Unigénito del Padre - El "Yo Dios - Divino Interior de cada Individuo. Realizando la "Limpieza del Lugar Secreto del Altísimo - con El "Verdadero Bautismo con Agua - o "Auto - Control de la discordia en los Sentimientos, llegando a mantener a los "Sentimientos Armonizados a toda costa - con "La Negación de las apariencias del mal - y La afirmación del Bien Ilimitado de La Substancia Universal de la Verdadera Naturaleza de Dios Padre - que es "Sentimientos Puro de Amor Divino.

CAPITULO VI
"ACTITUD MENTAL POSITIVA"
ACTITUD MENTAL NEGATIVA"

Una "Actitud Mental Positiva", es aquella, en que el Individuo - "Crea- Concentra y Dirige con su "Voluntad Interior Superior" Auto-Consciente, dentro de su "Mente y Corazón", su propio "Pensamiento y Sentimiento" - Armonioso- Constructivo", que transmite con sus "Palabras, hacia si - mismo -familiares- y prójimo en general, no permitiendo con el uso de su Voluntad", interferencias de sugestiones negativas - de otras mentalidades de otras personas, y del ambiente mental de la naturaleza sensoria animal humana de instintos primitivos, que genera y transmite con las palabras el odio contra el ocio, las limitaciones y frustraciones, hasta lograr la manifestación del objeto de su Deseo, por un mejor "Bien", en su "Vida y Mundo".

Con esta "Actitud Mental Positiva - estamos aplicando "La Gran Ley Mental Superior" de "Neutralización" del "Péndulo del Ritmo Mental. Revelada por el Amado Maestro "JESÚS EL CRISTO". En el "Sermón del Monte: En el Evangelio del Amado Maestro - "SAN MATEO" En el Nuevo testamento - cuando - Nos Dice:

"NO RESISTAIS AL MAL
ANTES AL QUE TE GOLPEARA
LA MEJITTA DIESTRA VUÉLVELE
LA OTRA".

En el "Plano Mental", existe El "Amor Divino" y el odio" para la evolución del alma del ser humano. Dos Consciencias completamente distintas en grados de Vibración, establecidas por Las Leyes: de "Polaridad y Ritmo". La Superior - Armoniosa - Constructiva, generada por "La Verdadera Naturaleza de Dios Padre" - que es "Amor Divino" - Equilibrio - Armonía y Perfección". Y la inferior - desarmoniosa - llena de discordias - destructiva, generada por la naturaleza sensoria animal humana de instintos primitivos, del odio contra el odio y sus secuaces.

Y de acuerdo al "Libre Albedrío", en la "Voluntad" para "Decidir", y en la "Fe", para "Creer", cada Individuo se puede "Polarizar", En El "Polo Positivo" - Armonioso - Constructivo" - o En El "Polo Negativo" - desarmonioso - destructivo - recibiendo cada persona, lo que cada Polo contiene.

El Individuo "Dominando con su "Voluntad Superior Interior" - Auto - Consciente, En sí mismo - su mal carácter - o mal genio - sus malos hábitos - malas creencias - sus envidias - egoísmo - celos - orgullo - soberbia - resentimientos - puede convertirse de esta manera, en dirigente de su propia vida, en vez de ser dirigido y esclavo por otras mentalidades - que son sombies, o muertos serviles, de la naturaleza sensoria animal humana de instintos primitivos.

Basta comprender, que todo tiene su "Causa", y que ésta genera "Efectos" - y que las "Causas" son Mentales, para comenzar a disfrutar de lo que se denomina, un total y profundo cambio de suerte, en todos los aspectos de nuestra "Vida y Mundo".

"ESTA ES LA GRAN LEY DE LA VIDA-QUE NADIE PUEDE CAMBIAR".

"LO QUE "PENSAMOS - SENTIMOS" (HABLAMOS) CONSTAMNTEMENTE - ES ATRAÍDO A NUESTRAS "VIDAS Y MUNDOS"- COMO EL IMAN ATRAE LAS LIMADURAS DE HIERRO".

"Querámoslo o No - Consciente o Inconscientemente".

Lo inferior -negativo- desarmonioso - destructivo, de la naturaleza sensoria animal humana de instintos primitivos, puede ser siempre "Denominado por "La Voluntad Superior Interior del Individuo - ya que no tiene vida propia - ningún Poder que la sostenga, sino la que la misma persona le da alimentándola con su propia "Energía - Substancia - Luz - que le es dada - "Pura - Divina y Perfecta" a través de la "Atención" de sus "Poderes Creadores" "Los Pensamientos y Sentimientos" - que son transmitidos por sus Palabras - El Verbo - que se hace carne, o manifestaciones de formas materiales, en tu: cuerpo - hogar - trabajo - negocios - empresas y finanzas.

Toda Inteligencia - Luz - Amor Poder - Ritmo - Belleza - Paz - Armonía - Sabiduría - Riquezas - Éxito - Prosperidad

- Moralidad". Provienen del "Yo Dios Divino Interior de cada Individuo, anclado dentro del "Altar del Corazón" - "El Lugar Secreto del Altísimo". Siendo por esta "Causa" la imperiosa necesidad que tenemos todos de realizar "El Verdadero Bautismo con Agua" - Con la práctica del "Auto-Control" de la discordia en los sentimientos, llegando a mantener con "La Voluntad Interior - Auto-Consciente" a los "Sentimientos" Armonizados a toda costa, para poder convertirnos en "Verdaderos Cristianos" - con "La Limpieza del Lugar Secreto" del Dios Divino Interior de cada Individuo, anclado dentro de "La Cámara Central del Altar del Corazón - donde espera - nuestras "Amor - Adoración y Devoción - para expandirse como un "Aura en contorno nuestro, y todos la puedan "Ver y Sentir".

Si tú "Deseas un mejor Bien, en tu "Vida y Mundo", pones en movimiento" toda la Maquinaria del Universo de "La Creación Mental "Espiritual". Pero para poder llegar a poseerla, debes ser entusiasta sobre el objeto de tu "Deseo". Ya que "La Magna Energía Electrónica - Substancia Luz" que fluye en tu "Yo Dios - Divino Interior" - "ES ENTUSIASMO EN ACCIÓN" QUE ES QUIEN "MANIFIESTA EN LO FÍSICO" "TODO BIEN DESEADO" BAJO LA DIRECCIÓN CONSCIENTE DE TU VOLUNTAD - EN TUS PODERES CREADORES - LOS PENSAMIENTOS Y SENTIMIENTOS - QUE TRANSMITES CON TUS PALABRAS".

**ESTO ES MANTENER UNA
"ACTITUD MENTAL POSITIVA"**

"ACTITUD MENTAL NEGATIVA"

Desde la caída del "Hombre-Intelecto", en el oscurantismo - con las Atributos Divinos de "LA Voluntad y Fe" de Dios Padre; por el mal uso del "Libre Albedrío, en la Voluntad para Decidir y en La Fe - para Creer - se quedó dormido - inactivo - "El Atributo Divino de La "Buena Voluntad y Buena Fe" y enfermó a su "Elemento Mental - Femenino - Imaginación - Creadora. Así durante centurias, la naturaleza sensoria animal humana de instintos primitivos gobernó sobre "La Voluntad y Fe" del Intelecto del Individuo, creando un falso dios de este mundo de las apariencias destructivas del mal, generadas por el odio contra el odio y sus secuaces, causa de todo el dolor y sufrimiento humano, que es el falso dios de este mundo, que estamos viendo y sintiendo manifestado en estos momentos, de la evolución del alma de los seres humanos.

Por esta causa, se produjo un divorcio o separación, entre "El Elemento Mental Masculino - Voluntad - y "El Elemento Mental Femenino - Imaginación - degradando en Vibración, los Poderes Creadores de "La Mente Universal - Infinita y Viviente" de "Dios - Padre - Madre" que se expresan en la "Mente del Individuo" - Los Pensamientos y Sentimientos" que son transmitidos por las Palabras - destructivas de creencias de las apariencias del mal, generadas por la naturaleza sensoria animal humana del odio contra el odio.

Una "Actitud Mental Negativa" es aquella en la cual una persona "Acepta o Cree", en su mente - femenina - receptora y creadora - imaginación - un pensamiento de otra persona y le da vida con el Sentimiento - obligándolo a cambiar el rumbo de su "Deseo o Meta" por un mejor Bien en su "Vida Mundo" - que estaba dispuesto a realizar - Fracasando en todo lo que esta persona pudiera intentar realizar -

"ESTA ES UNA ACTITUD MENTAL NEGATIVA"

CAPITULO VII
"TRANSMUTACION MENTAL"

La Mente y demás "Elementos de la Naturaleza" - La Madre del Mundo - "Que es "Amor Divino" - Equilibrio - Armonía y Perfección, pueden ser "Transmutados" de grado de Vibración, en grado de Vibración, de condición en condición, de "Polo Negativo a Polo Positivo".

La Verdadera "Transmutación Mental" es una práctica Mental, un Método, un Arte. Lo inferior puede ser siempre dominado por lo "Superior". Siempre que encontremos a nuestro paso, algo que sea considerado como desagradable - irritante de discordia en los Sentimientos - limitante o falsas creencias destructivas en: enfermedades - carencia - pobreza - accidentes - robos crímenes - etc. podemos consolarnos con el conocimiento de que es "Transmutable", en algo del "Bien Ilimitado de "La Substancia Universal" de "La Vida - Pura - Divina y Perfecta, ya que no tiene "Vida propia" Auto-sostenida por "La Suprema Voluntad de Dios Padre " expresándose, en el Altar del Corazón" El Lugar Secreto del Altísimo" en cada Individuo.

Por desconocimiento, de este "Principio - "Ley" a menudo en lugar de contrarrestar, lo que es una falsa apariencia de la naturaleza sensoria animal humana de instintos primitivos, generada por las discordias del odio contra el odio y sus secuaces: resentimientos - envidias - egoísmo - celos - orgullo - soberbia - insultos - etc. Estamos propensos a fomentar la discordia del odio contra el odio "Pensando - Sintiendo y Hablando de la discordia y añadiendo nuestros sobrios "Pensamientos y Sentimientos (Palabras) destructivas, en la apariencia del mal que pudiéramos haber contactado y manchando más nuestra "aura" y la apariencia que rodea la situación, haciendo imposible su solución.

Frente a un problema, siempre sentimos miedos - que es un sentimiento rastrero de muy baja vibración: y ante menosprecios e insultos, nos tornamos muy sensibles, a la naturaleza sensoria animal humana de instintos primitivos - que genera y transmite en las palabras, el odio contra el odio y sus secuaces, convirtiéndonos en los denominados" hombres indignados. Como todos los "Principios o Leyes" que nos rigen en "El Universo de la Creación Mental". Este Principio o Ley de "La Transmutación Mental" Rige en los "Tres Grandes Planos de "La Vida - Espiritual - Mental y Material. Por medio de " Transmutación Mental, se logra el cambio fundamental del Yo del Individuo, transformándolo de un "ser inferior, en un "Ser - o Yo Superior: El Verdadero Hombre Creado a "Imagen y Semejanza de "Dios Padre - Madre".

"Dios - es Padre y Madre" a la vez Representando al Padre - El Poder - Manifestado, en el Atributo Divino de "La Voluntad - Fortaleza y Fe" - del Elemento Mental Intelecto - Transmisor - que representa al Padre - y a "La Madre" - La Imaginación Creadora - Receptora - con el Atributo Divino del "Sentimiento" - Puro de Amor Divino - Equilibrio -

Armonía y Perfección - que en la "Mente Universal Infinita y Viviente de Dios Padre - Madre" - Obra al Unísono" que al penetrar a nuestra "Mente y Cuerpo, por "El Libre Albedrío" - se separan - formando los "Dos Grandes Elementos de "La Naturaleza de "Dios Padre - Masculino - Voluntad y Femenino - Imaginación, como fuimos "Creados a "Imagen y Semejanza de "Dios - Padre - Madre.

Podemos "Pensar y Sentir" Justificadamente QUE "DIOS PADRE" "EL YO SOY" EL TODO EN TODO" Crea Los Universos de una manera parecida al proceso Mental mediante el cual, el Elemento Mental Masculino - Transmisor - Intelecto - que representa al Padre - "Voluntad" - Crea sus Imágenes Mentales en el Pensamiento - intensamente Sentidas, que por el "Libre Albedrío" - puede ser - "Armoniosas - Constructivas - o desarmoniosas - destructivas - que cada uno recibe como "Efecto de la Causa Creada por el mismo.

Vivimos en una sociedad materialista, esclava de la naturaleza sensoria animal humana de instintos primitivos que, juzga al prójimo por las apariencias humanas externas del mal; y le es muy difícil "Comprender" que todo cuanto nos rodea, antes que "Material" es "Mental" - que antes que el "Efecto Primero es la "Causa"; y que la "Causa", es siempre un "Pensamiento", un "Concepto" - o "Creencia grabada por el "Elemento Mental Masculino - Transmisor Intelecto - en el "Elemento Mental Femenino - Receptor y Creador - "Imaginación   - del "Ser humano. El Mundo

Mental, es mucho más amplio y trascendente que el mundo material.

El Individuo, es un "Ente Energético, constituido por diversos "Principios Vibratorios, cuyas Armonías o Desarmonías son "Causas" de: salud o enfermedades - éxitos o fracasos - riqueza o pobreza - conocimiento o ignorancia - fortaleza o debilidad - valor o miedo paz o ansiedad - vida o muerte.

En el "Plano Mental", existe el "Amor Divino" y el odio" - Dos Vibraciones completamente distintas. El "Amor Divino", generado por la "Verdadera Naturaleza de "Dios Padre". "La Madre del Mundo" - Equilibrio - Armonía y Perfección. Y el odio generado por la naturaleza sensoria animal humana de instintos primitivos. Causa de todo el dolor y sufrimiento humano. Y por el "Libre Albedrío, en la "Voluntad; para Decidir y en la Fe, para "Creer o Aceptar" podemos Polarizarnos libremente, en el "Polo Positivo" de La Luz Armonioso - Constructivo - o en El "Polo Negativo" de la oscuridad- desarmonioso- destructivo - recibiendo cada "Individuo" lo que cada Polo contiene.

Lo inferior del "Polo Negativo", puede ser siempre "Dominado y Transmutado", por lo "Superior del Polo Positivo. Siempre que en nuestro diario Vivir, encontremos algo que sea considerado, desagradable - irritante - discordias y limitaciones- o falsas creencias en: enfermedades - pobreza - accidentes - robos - crímenes - etc. Podemos consolarnos con el conocimiento de "La Verdad del Ser - o Yo - Dios Divino Interior de cada Individuo -

anclado dentro del "Altar del Corazón" - "El Lugar Secreto del Altísimo" - que puede ser transmutado, en algo más agradable - refinado y bueno, en grado máximo de Vibración, del "Polo Positivo" de la Luz - que es "Suprema Perfección y el "Control de todas las cosas.

Por desconocimiento de este "Principio - Ley" de "Transmutación Mental" a menudo en el lugar de contrarrestar lo que es equivocado - falso - sin vida propia - ni poder - generado por la naturaleza sensoria animal humana de instintos primitivos, del odio contra el odio y sus secuaces, estamos propensos a fomentarlo, llevando la "Atención" de nuestros Poderes Creadores" - Los Pensamientos y Sentimientos" - que "Transmitimos" con nuestras "Palabras" - "El Verbo - o Logos Viviente" que se transforma en carne, o manifestaciones de formas materiales, en nuestro "Cuerpo y Mundo" que nos concierne. Así añadimos nuestros sombríos - "Pensamientos y Sentimientos " (Palabras) al "aura" de oscuridad que rodea la situación que hayamos contactado, haciendo imposible su solución, haciéndonos esclavos serviles de la naturaleza sensoria animal humana de instintos primitivos, del odio contra el odio y sus secuaces "Causa" de todo el dolor y sufrimiento humano.

No podemos cambiar las cosas exteriores, en nuestro "Cuerpo y Mundo" a menos que cambiemos nuestro "Altar del Corazon - "El Lugar Secreto del Altísimo" - donde elaboramos nuestras creencias. Tenemos siempre que tomar medidas para mejorarnos en nuestra consciencia

(Pensamientos y Sentimientos), a nosotros mismos y a nuestras reacciones emocionales, de la naturaleza sensoria animal humana de instintos primitivos que genera y transmite en las palabras, el odio contra el odio y sus secuaces, porque ningún ser humano es perfecto. Podemos ofrecer nuestra amistad y comprensión a otra persona - perdonando olvidando - las discordias del pasado y tratando de ayudarla a salir de la dificultad en que se encuentra; y aún si se rehusa corresponder a tales proposiciones, podemos rodearla con "La Luz" de nuestro "Yo - Dios Divino Interior" En el "Altar de su Corazón - ya que todos tenemos un Origen Común" y una Meta Común. Podemos ayudarnos, y lograr mucho ayudándonos los unos a los otros. y - las más grande ayuda, que podamos dar, es Ver "En los demás a "Su "Yo - Dios Divino Interior" anclado dentro del "Altar del Corazón" "El Lugar Secreto del Dios Viviente" - "En la Llama Trina Inmortal de "La Eterna Vida - "Poder - Sabiduría y Amor Divino" nuestro "Sello Eterno de Vida" - La Envoltura de nuestro "Yo - Divino Cristo Viviente - Creado a su "Imagen y Semejanza del "Dios Viviente" que está esperando allí nuestro - "Amor - Devoción y Adoración" para expandirse, en los Atributos de la Divinidad como un "Aura" en contorno de nuestro "Cuerpo" que todos puedan ver. Lo que debemos buscar siempre, es el lado "Positivo" de las cosas - "La Energía - Substancia - Luz" que es gastada y finalmente cercenada, cuando nos sometemos al miedo a la ansiedad, de la naturaleza sensoria animal humana de instintos primitivos, del odio contra el odio y sus secuaces es mejor emplearla en buscar una solución "

"Positiva" - Armoniosa - para todos - para la crisis que pudiéramos estar confrontando.

Basta "Comprender" que todo tiene su Causa" que genera "Efectos" y que las "Causas" son "Mentales", para comenzar a disfrutar de lo que se domina un total y profundo cambio de "Suerte" con todos los aspectos de nuestra Vida.

La Gran Ley de la Vida - que nadie puede cambiar es: "Atraemos como el imán atrae las limaduras de hierro. Toda cosa sobre la cual "Concentramos" con insistencia, la "Atención" de nuestros "Poderes Creadores" - Los "Pensamientos y Sentimientos" que "Transmitimos" con nuestras "Palabras" - El Verbo - Una "Acción Mental" produce una reacción - "Física en el Cuerpo Y mundo del Individuo - "Positiva o Negativa" de acuerdo a la Causa Mental generada por cada Ser Humano.

La Verdadera Transmutación Mental" es una "Práctica Mental". Un Método - Un Arte Mental" y debe comenzar dentro de uno mismo, con la práctica de la "Llave Secreta" que abre la "Puerta de la Felicidad" - El Auto-Control de la discordia en los Sentimientos, llegando a mantener, con la Voluntad Auto-Consciente, a los "Sentimientos Armonizados a toda costa, para poder lograr la "Auto-Corrección de La Atención del Pensamiento - (Palabras), no dejándolo correr hacia los falsos conceptos, o creencias destructivas de la naturaleza sensoria animal humana de instintos primitivos, del odio contra el odio y sus secuaces. Y podamos realizar "La Limpieza del Lugar Secreto del

Altísimo, como nos "Manda" El Amado Maestro "JESUS EL CRISTO".

"NIÉGATE A TI MISMO"
"CONOCED LA VERDAD Y "ELLA" OS
HARA LIBRES".
"EL QUE GANARE SU VIDA-LA PERDERÁ
"Y EL QUE PERDIERA SU VIDA POR
CAUSA DE "MÍ" - LA HALLARÁ"

"NO RESISTAIS AL MAL ANTES
TE GOLPEARE LA MEJILLA DIESTRA"
VUÉLVELA LA OTRA".

No podemos cambiar las cosas exteriores, en nuestro: cuerpo - hogar - trabajo - negocios - empresas y finanzas, y nuestra alma, mientras no "Transmutemos - o transformemos, las falsas creencias, de la naturaleza sensoria animal humana de instintos primitivos que genera y transmite en las palabras, el odio contra el odio, sus limitaciones y frustraciones.

El Amado Maestro "San Pablo" Nos Revela desde hace "Dos mil Años".

"SEREIS TRANSFORMADOS
POR LA RENOVACION DE
VUESTRAS MENTES"

Debemos comenzar "La Transmutación Mental" dentro de uno mismo. Perdonando - olvidando - dejando de ser coléricos - insultos - agresivos - mal genio - discordias - No criticando - ni condenando al prójimo por las apariencias del mal que pudieran tener manifestadas - eliminando para siempre - Los resentimientos - envidias - egoísmo - celos ya que esto es lo que nos producen, los miedos - ansiedad - dudas - que destruyen tantas vidas humanas.

La "Transmutación Mental" es la "Magia Mental", de la que tanto han hablado los antiguos, pero sobre la cual daban muy poca información práctica. El que trabaja en la práctica de "La Transmutación Mental" o "Magia Mental" - Trabaja en "El Plano Mental Espiritual Superior" - Transformando condiciones del Plano Inferior material, en sí mismo y en otros, de acuerdo con fórmulas prácticas eficaces, como la Auto-Sugestión La Oración - y La Meditación, etc.

Por medio de "La Transmutación Mental " o "Magia Mental" - Se logra el cambio fundamental del "Intelecto" del individuo, transformando a un "Individuo inferior, en uno "Superior". La Alquimia de quien habían hablado tanto en las enseñanzas antiguas, es "Verdaderamente" "La Ciencia" de la "Transmutación Mental" Así "La Transmutación Mental, es el "Arte" de cambiar o transformar las condiciones del Universo, tratase de la Materia - o de la Energía - o de la Mente".

Existen "Dos Consciencias", establecidas por las Leyes" de "Polaridad y el Ritmo" - La Superior - Positiva -

Armoniosa - Constructiva - Generada por "La Verdadera Naturaleza de "Dios Padre" - La Madre del Mundo" que es "Amor Divino" - Puro y Perfecto" "Equilibrio - Armonía y Perfección - y la inferior - negativa - desarmoniosa - discordias - generada por la naturaleza sensoria animal humana, de instintos primitivos - que la genera y transmite en las palabras, el odio contra el odio y sus secuaces: discordias - desarmonías - impurezas - desorden - envidias - egoísmo - celos - orgullo- soberbia mala voluntad y mala fe. Y por el "Libre Albedrío", nos podemos "Polarizar" En El "Polo Positivo de La Luz" o en el "Polo Negativo" de la oscuridad densa y tenebrosa. Recibiendo cada Individuo, lo que cada "Polo Positivo o Negativo - contiene.

El "Polo Positivo Superior", tiene Vida propia - Auto sostenida, por "La Suprema "Voluntad y Fe" de "Dios Padre - La Inferior no tiene Vida Propia, sino la que la misma persona le da, a través de la "Atención", de nuestros "Poderes Creadores" - Los Pensamientos y Sentimientos" - que transmitimos con nuestras "Palabras" "El Verbo - o Logos Viviente - que se transforma en carne - o manifestaciones de formas materiales, en nuestro "Cuerpo y Mundo" que nos concierne.

El Principio - o Ley" del Ritmo Vibratorio Mental" está estrechamente vinculado, con el "Principio o Ley de Polaridad" Si Meditáramos al respecto, nos daríamos cuenta, de que en muchas circunstancias, en nuestro diario Vivir, no hemos sido otra cosa que hojas secas arrastradas por el viento, o pensamientos rastreros, de la naturaleza sensoria animal humana de instintos primitivos. Poco o nada hemos hecho por conservar - El Amor - La Paz - La Armonía - La Amistad - El Valor - La Fe- La Fortaleza. A un período de entusiasmo, ha seguido un correspondiente período de depresión, igualmente periodos de "Fortaleza y Valor" son seguidos por períodos de debilidad y miedo.

El Amado Maestro Ascendido "JESÚS EL CRISTO" Nos Revela - En el "Gran Sermón del Monte" - En el "Evangelio del "Amado Maestro " "San Mateo" - La Gran Ley Mental Espiritual Superior de "La Neutralización del "Péndulo del Ritmo Vibratorio Mental" - y nos "Enseña".

"NO RESISTAIS AL MAL"
 ANTES AL QUE TE GOLPEARA
 LA MEJILLA DIESTRA" - VUÉLVELE
 LA OTRA".

La "Resistencia al mal", se la damos, a través de la "Atención" de nuestros Poderes Creados - Los Pensamientos y   Sentimientos" - que   Transmitimos con nuestras "Palabras" - El Verbo - o Logos Viviente".

Las mejillas a la que se refiere "El Amado Maestro "JESÚS EL CRISTO" - corresponde a los "Dos Polos" - establecidos por "La Ley de Polaridad y Ritmo" "Positivo y Negativo" Ya que los pensamientos y sentimientos" generados por la naturaleza sensoria animal humana de instintos   primitivos, se encuentran en las mentes de las personas, sin ningún "Control" de la "Voluntad" y la "Fe" de los seres humanos, que se encuentra ubicada del lado izquierdo del Altar del Corazón y del Cerebro" y los Sentimientos" se encuentran ubicados del lado derecho.

Así el que te golpeará a te afectare, tu mejilla diestra, o tus Sentimientos - vuélvele la otra mejilla - o eleva a "Voluntad" la Atención de tus Pensamientos y Sentimientos - al Polo Positivo - de la Luz del Amor Divino - y así no quedarás afectado en tus Sentimientos - que son los que contienen "La Luz" o Reino de los Cielos que está dentro de cada Individuo y al que tenemos que buscar primeramente junto con su Justicia que son las Leyes que nos rigen "Armoniosamente, en el "Universo de la Creación Mental". Estos pensamientos y sentimientos de la naturaleza sensoria animal humana de instintos primitivos, andan en el ambiente mental humano, como colmenas buscando cavidades mentales afines para poder continuar viviendo como parásitos porque no tienen Vida propia, sino la que cada ser humano le da, alimentando con su propia Energía - Substancia - Luz que le es dada - Pura - Divina y Perfecta - por su "Yo Dios Divino Interior".

Así la "Buena Voluntad - Fortaleza y Fe" de Dios Padre" la Abundancia de todo Bien deseado, dentro del Altar del Corazón - de cada Individuo, se encuentra dormida - inactiva, en las mentes de los seres humanos - Y por fin ha llegado la "Hora", en todos tenemos que " Comprender" - que "Los Poderes Creadores" más grandes en el "Universo y en la Vida Mental del Individuo" son Los "Pensamientos y

Sentimientos" que tienen que ser "Gobernados y Dirigidos, por la Voluntad consciente del Individuo y Transmutar todos los errores del pasado - su causa y Núcleo - que hayamos cometidos, por haber "Pensado - Sentido - Hablado - Equivocadamente, usando mala voluntad y mala fe.

Esta "Gran Ley Mental Espiritual Superior - de No Resistáis al Mal" Consiste en elevar el Alma a Voluntad, sobre las Vibraciones del "Plano negativo" - y destructivo - de las apariencias del mal, de la naturaleza sensoria animal humana de instintos primitivos generados por las limitaciones - y frustraciones del odio contra el odio y sus secuaces, de manera que nuestra "Consciencia o alma no quede afectada por las Vibraciones del péndulo vibratorio negativo y no se manifiesta en nuestra consciencia. Es lo mismo que sí saltáramos por encima de una cosa y dejar que esta pase por debajo de uno.

Esta Gran Ley Mental - de Neutralización del Péndulo del Ritmo Vibratorio Mental o Ley de "No Resistáis al Mal" Nos permite elevarnos Conscientemente a "Voluntad" al Plano o "Polo Positivo Superior "De Luz - Generando a Voluntad el Amor Divino donde la Inteligencia de La Voluntad de Dios Padre - y El Amor Puro - de la Madre Universal - se encuentran Unidos en el Séptimo Rayo Violeta - de La Transmutación por "Amor Divino - Con El Perdón de los errores del pasado - traído en esta era Dorada Mental Espiritual Superior, por El Amado Maestro Ascendido - SAINT GERMAIN y su complemento Divino LA DIOSA PORFIA DE LA OPORTUNIDAD - donde podemos "Transmutar" todos los errores pasados y presentes y ser libres para siempre, del dolor y sufrimiento humano.

El Amado Maestro Ascendido "JESÚS EL CRISTO" Nos Manda a:

"VELAD - VELAD - "PARA QUE
EL LADRON NO ENTRE DE NOCHE"
"NIÉGATE A TI MISMO" - "CONOCED
LA VERDAD Y ELLA OS HARÁ LIBRES"

Solamente el "Atributo Divino" de "La Voluntad Superior dentro del Fuego Sagrado en el "Altar del Corazón" expresándose en el seno frontal del Intelecto, que representa al "Padre" en la Mente del Individuo, es quien puede "Velar - o cuidar" para que su "Elemento Mental"- Femenino - Receptor - "Imaginación", no sea afectado en los Sentimientos, por el ladrón, o Energía rastrera de la naturaleza sensoria animal humana de instintos primitivos; y entre de noche, cuando la voluntad, se encuentra - oscura - dormido- inactiva, y permite que nos robe la "Energía - Substancia - Luz" conque somos dotados por nuestro "Cuerpo Mental Espiritual Superior" - degradando "La Luz" en oscuridad.

La "Negación" de las apariencias del mal. Y la Afirmación del Reino del Bien Ilimitado de la Substancia Universal ... que es Infinita y nunca se agota de donde nos viene "Todas las Riquezas Visibles" son Dos Angeles de Luz del Amado Arcángel Miguel - Gran Arcángel de "La

Protección y Defensor de "La Fe" - que vienen en nuestra ayuda.

La Negación de la apariencia del mal que pudiéramos estar confrontando la borra de nuestro "Cuerpo Etérico en El Elemento Mental Femenino - Receptor - "Imaginación - Y La Afirmación de la Verdad del Yo-Dios - Divino Interior" que es "La Perfección del "Bien Deseado grava la nueva "Convicción - que Deseáramos tener manifestada en nuestro - Cuerpo y Mundo que nos concierne

Debemos hacernos "Auto-Conscientes" que al "Pensar - Sentir - Hablar - Decidir en "La Voluntad" y Creer con "La Fe" por el "Libre Albedrío" - podemos "Polarizarnos" Libremente - En El Polo Positivo - de La Luz - Armonioso - Constructivo - o en el "Polo Negativo" de la oscuridad - desarmonioso - destructivo y el Péndulo Vibratorio Mental - del Ritmo - mantiene a la Mente del Individuo donde cada persona escogió permanecer "Polarizado - recibiendo lo que cada Polo Positivo - o Negativo contiene.

CAPITULO VIII

"LEY DEL PERDON"

EL AMADO MAESTRO ASCENDIDO "JESÚS EL CRISTO" NOS REVELA: EN EL SERMÓN DEL MONTE:

"SI NO PERDONAREIS LOS ERRORES
A VUESTROS HERMANOS" "VUESTRO PADRE CELESTIAL NO PERDONARA LOS VUESTROS"

"DIOS ES DIOS DE VIVOS - NO DE MUERTOS"

"DEJAD A LOS MUERTOS QUE ENTIERREN A SUS MUERTOS -VEN Y SÍGUEME"

¿QUÉ HOMBRE HAY DE VOSOTROS
A QUIEN SI SU HIJO LE PIDIERA
UN PAN LE DARÍA UNA PIEDRA?

¿ Y SI LE PIDIERA UN PEZ
LE DARÍA UNA SERPIENTE?

¿PUES SI VOSOTROS SIENDO MALOS - SABES DAR" BUENAS DAVIDAS A VUESTROS HIJOS?"

¿CUÁNTO MAS VUESTRO PADRE QUE ESTÁ EN LOS CIELOS - DARÁ BUENAS DAVIDAS A LOS QUE LES PIDEN?"

"HASTA AHORA NO HABEIS PEDIDO NADA EN MI NOMBRE"

"PEDID Y RECIBIREIS - PARA QUE VUESTRO GOZO SEA COMPLETO"

"PORQUE EL QUE PIDE RECIBE"

EL QUE BUSCA ENCUENTRA Y EL QUE TOCA SE LE ABRE -

"LA INVOCACION OBLIGA A LA RESPUESTA-

"SEA HECHO SEGÚN TU FE" "TU FE TE HA SALVADO"

"TODO LO QUE PIDIERAS AL PADRE" CREYENDO QUE LO RECIBITEIS" - SIN DUDAR ENEL CORAZON - TE SERÁ CONCEDIDO".

EL AMADO MAESTRO ASCENDIDO" JESÚS EL CRISTO" - NOS REVELA EN EL "SERMÓN DEL MONTE" - EN EL EVANGELIO DEL AMADO MAESTRO "SAN MATEO":

Que todo "Elemento Mental - Masculino-Transmisor - Intelecto de cada Individuo - con el "Atributo Divino- de la "Voluntad y la Fe" que representa al "Padre Creador

Universal" inconsciente de Su "Yo Dios - Divino - Interior - anclado dentro del "Altar de su Corazón" El Lugar Secreto del "Dios Viviente - es un muerto o sombie, caminando en el Planeta - porque es esclavo de la naturaleza sensoria animal humana de instintos primitivos - degradando en Vibración - al Espíritu Santo" - Sentimientos de "Puro - Amor Divino, en el odio contra el odio y sus secuaces - causa de todo dolor y sufrimiento humano - de animales y plantas, y nos manda a: "Dejad los muertos que entierren a sus muertos" - Enseñándonos que tan muerto está el cadáver, como los que lo están enterrando.

También nos da "La Luz de la Verdad" sobre nuestro "Padre Creador Universal" cuya Naturaleza es Puro - Amor Divino y nos Dice, que Vosotros "Padres humanos siendo malos, no somos capaces de darle a un hijo nuestro - una piedra si nos pidiera un pan y al que te pidiera un pez una serpiente - y que cuanto más nos dará nuestro "Padre Celestial" al Hijo que le pidiera y Creyera en El".

Esto nos da a conocer que la humanidad se separó de Dios" porque creyó en un falso dios - asesino y vengativo - que está dispuesto a destruirnos por la mínima falta, o error que hayamos cometido cuando en el Evangelio del "Amado Maestro Ascendido "San Juan" - "El Amado "JESÚS EL CRISTO" - Nos Revela.

"DIOS ES AMOR DIVINO" Y EL QUE MORA EN EL AMOR DIVINO - MORA EN DIOS - Y DIOS EN EL Y QUE A DIOS - NO SE LLEGA POR TEMOR SINO POR

"SU MAGNA LEY DEL AMOR DIVINO - QUE ES SU VERDADERA NATURALEZA".

Así inconscientemente dominados por la naturaleza sensoria animal humana de instintos primitivos- del odio contra el odio y sus secuaces - el animal humano creyó que era mejor que "El Dios - Padre Creador Universal - en cuya Naturaleza - que es "Puro Amor Divino - Vivimos - nos Movemos y Tenemos nuestro Verdadero - "Yo Dios Divino Interior - anclado dentro de nuestros Corazones - El Lugar Secreto del "Dios Viviente - Donde está esperando - nuestro "Amor - Adoración - Devoción y Fe" para actuar en nuestras "Vidas y Mundo que nos concierne en su Infinito e Inagotable" Amor Divino - Su Verdadera Naturaleza.

En el "Padre Nuestro" - Oración Universal Nos Revela:

"PERDONA NUESTRAS OFENSAS
ASI COMO NOSOTROS PERDONAMOS
A QUIENES NOS OFENDEN"

Nos Revela, El Amado "JESÚS EL CRISTO" que "El Perdón" es "La Ley del Amor Divino" de nuestro "Yo Dios - Divino Interior" anclado dentro del "Altar del Corazón" - El Lugar Secreto del Altísimo" - que eternamente nos dará "La Libertad", en nuestra: Mente - Corazón - Cuerpo y Mundo", de toda cosa indeseable que no quisiéramos tener manifestada, en nuestras "Vidas y Mundo", cuando seamos capaces de derramar un "Perdón Amoroso Incondicional. Y Eterno", hacia uno mismo y hacia toda persona - cosa - lugar

- condición, que nos haya dañado en alguna forma, o a la que nosotros hayamos dañado.

Un "Perdón" dado así logra lo que ninguna otra actividad o cosa pueda lograr, para liberarnos a nosotros mismos, y a la otra persona a quien le enviamos El "Perdón".

¿QUE ES EL PERDON VERDADERO?

El único "Perdón" que existe en "La Ley del Amor Divino" de nuestro "Yo Dios - Divino Interior" - Es el olvido total, en nuestros "Poderes Creadores". Los "Pensamientos y Sentimientos" - que transmitimos con las Palabras" del mal que te hayan causado o el que tú hayas hecho a otro.

Cuando "El Perdón" es sincero, su Infinito "Poder" llena nuestro "Ser Interno" y nuestro Mundo, con su "Luz Brillantísima; encontrando la persona, que su "Vida y Mundo" se reordenan y equilibran como por "Arte de Magia", llegándole toda cosa buena y perfecta.

Pero recuerda Conscientemente, que a menos que la discordia en tus Sentimientos no sean olvidados, en tus "Poderes Creadores" - no habrás "Perdonado, y tendrás que continuar viviendo, en tu propia condenación del error, o apariencia del mal que ves, en los demás. Ya que no podemos quedar libre del error, que nos causa el dolor y sufrimiento, hasta que no esté completamente fuera de nuestros "Poderes Creadores" - Los Pensamientos y Sentimientos" - (Palabras) ya que es en el Plano de los

"Pensamientos y Sentimientos" (Palabras) donde "La Magna Ley del Amor Divino - de nuestro "Yo - Dios Divino Interior - anclado dentro del Altar del Corazón", encuentra su aplicación Verdadera en "El Universo de la Creación Mental".

LA ETERNA LEY DE LA VIDA
QUE NADIE PUEDE CAMBIAR ES:
"LO QUE TU "PIENSAS - SIENTES"
Y HABLAS CONSTANTEMENTE - LO
ATRAES A TU "VIDA Y MUNDO" - VIVE
ALLÍ - Y DA SU FRUTO - O MANIFESTACION -
IGUAL A LA CAUSA GENERADA - POR TU
FORMA HABITUAL DE: "PENSAR - SENTIR
- (HABLAR) - DECIDIR EN TU VOLUNTAD
- Y CREER CON TU FE".

Así tanto tiempo como recordamos un daño que nos hayan causado - o un altercado familiar - entre amigos - quiebra en los negocios - enfermedades - etc. No habrás, "Perdonado" a la persona - lugar condición aflictiva - teniendo que vivir en tu propio error - de lo que "Piensas y Sientes" de lo que "La Vida o Dios significa para ti.

"La Prueba de que hemos Perdonado," es el olvido total, en tus Palabras (Pensamiento y Sentimiento Hablado " del daño que te hayan causado generando el Sentimiento Natural de Serenidad - y Gozo en el Corazón Buena Voluntad - Confianza - Coraje - Fe y Decisión - que nos viene como una montaña de "Luz" El Perdón es tan Poderoso - que uno se

Siente que habita como si estuviera en una fortaleza de acero intocable por ninguna influencia o sugestión, de la naturaleza sensoria animal humana de instintos primitivos, del odio contra el odio y sus secuaces - que es el ojo por ojo y diente por diente de los antiguos.

Es imposible que nuestra vida y mundo contenga alguna cosa que no esté en nuestro presente o pasada acumulación de Pensamientos y Sentimientos, mantenidos como Creencias de lo que la Vida significa para cada uno en el Bien o en el mal, ya que en cualquier cosa que Posemos constantemente la Atención de nuestro Pensamientos - Sentimientos (Palabras), se estampan por sí mismo en nuestra Consciencia Mental y Mundo, querámoslo o no, sobre la Substancia Universal de los Éteres que nos rodean, manifestándose luego en nuestra Vida y Mundo de acuerdo, o en armonía con su casta, clase o calidad.

En el mismo instante que tenemos un Pensamiento, en el mismo acto se hace el Color que Revela la calidad del Sentimiento. El Pensamiento contiene la forma de la Imagen contenida en el; y el Sentimiento contiene la LUZ - Color o Vibración. Así toda forma manifestada en lo físico tiene un Pensamiento definido que la respalda.

Nuestra Vida solo puede Sentir, es a través de la Atención de nuestros Pensamientos (Palabras).

Es la forma de reaccionar con los Pensamientos - Sentimientos (Palabras) ante lo que confrontamos en nuestro diario vivir, lo que producirá el efecto que vemos y sentimos.

Reaccionar Inteligentemente, es el "Arte Supremo de la Vida" "JESÚS EL CRISTO" condensó este Sublime Arte, con las "Palabras" - NO RESISTAIS AL MAL" antes al que te golpeará la mejilla diestra, vuélvele la otra.

Esta es la "Gran Ley de: Neutralización del Péndulo Vibratorio Mental, de la Ley del Ritmo".

Esto consiste en sacar, con la Voluntad Auto-Consciente, del Elemento Mental - Masculino - Transmisor - Intelecto - la "Atención" del - "Pensamiento" - (Palabras) del problema en cuestión. Y Polarizarnos "En una Actitud Mental Positiva - "Pensando en La Presencia de Nuestro" YO Dios - Divino Interior" - Que está anclado dentro del del Altar de tu Corazón - Esperando - Nuestro - "Amor - Adoración - Devoción y Fe - para expresarse en nuestras Vidas y Mundos".

CAPITULO IX

REVELACION DEL AMADO MAESTRO ASCENDIDO "SAINT - GERMAIN" - DIOS LIBERTAD - ENCAFGADO DE LA TIERRA Y SUS EVOLUCIONES - JUNTO CON SU COMPLEMENTO DIVINO - LA DIOSA DE LA OPORTUNIDAD - EN ESTOS "DOS MIL AÑOS DE ESTA" ERA DORADA MENTAL ESPIRITUAL COSMICA CRÍSTICA DE ACUARIO - DEL TERCER MILENIO - ERA DE PERFECCION PARA EL PLANETA Y SUS HABITANTES.

Por fin llegó la "Hora" en que "Todos Deben - Comprender - Aceptar y Practicar, en sus "Mentes. Que los "Poderes Creadores más grandes en el "Universo y en la "Vida y Mundo" del Individuo", son los "Pensamientos y Sentimientos" - que el Intelecto del Individuo - Transmite con sus "Palabras" - El Verbo - o Logos Viviente" - que se transforma en carne, o manifestaciones de formas materiales en el: cuerpo - hogar - trabajo - negocios - empresas y finanzas del Individuo. Y son "Dios en Acción - o La Presencia de Dios Individualizado" "Yo Soy" El Dios Divino Interior de cada Individuo, anclado a través del Poderoso Cordón Cristalino, dentro del "Altar del Corazón - El Lugar Secreto del "Dios Viviente", para alimentar el latido del Corazón, y a los Cuatro Cuerpos que forman al "Ser Humano": Físico - Emocional - Mental y Etérico - en correspondencia con los Cuatro Elementos de la Naturaleza de Dios Padre: Y la única forma de lograr "La Comprensión" de cómo usar ese "Pleno Poder Creador, de "Pensamiento y Sentimiento", es usando en la práctica Mental, el Auto-Control de la discordia en los "Sentimientos, llegando a mantener a los "Sentimientos Armonizados a toda costa, con la Voluntad del Intelecto "Auto-Consciente, porque son - "El Reino de los "Cielos o Reino de "La Luz" que "El Amado "JESÚS EL CRISTO" Nos Revela en "El Gran Sermón del Monte", en "El Evangelio del Amado Maestro" SAN MATEO".   Cuando   nos   Dice:

" NO DIGAIS HELO AQUÍ   O HELO ALLÍ""PORQUE DENTRO DE VOSOTROS ESTÁ EL REINO DE LOS CIELOS".

"MAS BUSCAD PRIMERAMENTE - EL REINO DE LOS CIELOS Y SU JUSTICIA Y TODAS LAS DEMÁS COSAS OS SERÁN DADAS POR AÑADIDURA".

El Pensamiento contiene la forma de la Imagen contenida en él, siendo por esta Causa que toda forma manifestada en lo físico, tiene un "Pensamiento" definido que la respalda.

El "Sentimiento" contiene "La Luz" que le da Vida y obliga a la forma contenida en la Imagen del Pensamiento, " a manifestarse en lo Físico no pudiendo manifestarse en lo Físico ninguna forma de la Imagen contenida en el Pensamiento sino va precedida del Sentimiento. Siendo el mucho Sentimiento generado hacia lo que "Deseamos Poseer" del "Reino de "La Naturaleza de "Dios Padre" - La Madre del Mundo que es "Amor Divino" - Equilibrio -

Armonía y Perfección - quien hace "El Milagro" y lo trae a lo Físico, para nuestro uso.

El "Sentimiento" "Causa Tres veces más manifestaciones que el "Pensamiento", porque recibe el 75% de la Magna Energía - Substancia - Luz" conque somos dotados por nuestro "Cuerpo Mental Espiritual Superior Cósmico Cristico ubicado encima de la cabeza, de todo "Hijo de Dios" venido a este Mundo.

En todos los "Seres Humanos, existen "Dos Grandes Elementos de "La Naturaleza de "Dios Padre". "La Madre del Mundo". Que es "Amor Divino" "Equilibrio - Armonía y Perfección".

Uno - El Intelecto que representa al Padre, por donde se nos dio "Libre Albedrío" en la "Voluntad para "Decidir y en la Fe" para "Creer o Aceptar", lo que nos convenga tener manifestado en el "Cuerpo - Hogar - Trabajo - Negocios - Empresas y Finanzas, en el Mundo del "Individuo".

Dos - El Corazón que representa "La Madre". Donde "Pensando - Sintiendo - Hablando - Decidiendo .en la Voluntad y Creyendo con la Fe". Realizamos las creencias que luego sentiremos y veremos manifestadas, en el: "Cuerpo - Hogar - Trabajo - Negocios - Empresas y Finanzas del Individuo.

Y la naturaleza sensoria animal humana de instintos primitivos - que genera el odio contra el odio - Los usa a ambos.

El hombre - Intelecto - que representa al "Padre" - Creó sus propias experiencias de: limitación - pobrezas - fracasos - y discordia de toda clase. Se identificó con lo externo de la naturaleza sensoria animal humana de instintos primitivos, que genera y transmite en las Palabras - "El Verbo" - el odio contra el odio y sus secuaces: resentimientos - envidias - egoísmo - orgullo - celos - insultos - discordias de toda clase en sus sentimientos - Causa de todo el dolor y sufrimiento humano. En Lugar de Identificarse con "EL TODO" EL ORIGEN DE LA CREACION", por supuesto lo que resultó de allí fue la creación de la imperfección.

Todas las limitaciones - discordias y sufrimientos humanos, es el resultado del mal uso individual, del Atributo Divino de la Voluntad llamado - "Libre Albedrío" - mal usado en el "Centro Laringeo"- en la raíz de la lengua - a través de las palabras - destructivas del odio contra el odio y sus secuaces.

El mismo hombre - intelecto - se obliga a vivir dentro de su propia creación, hasta que por el Deseo de la actividad exterior de su mente intelecto, vuelve a mirar Conscientemente hacia sus comienzos nobles o sea "DIOS EL GRAN ORIGEN DE TODO". Cuando esto ocurra el hombre - intelecto comenzará a recordar aquello que él fue, y que puede volver a ser, cuando el se Decida a volver a mirar "El Gran Diseño Cósmico que él es". Lo que "Yo Deseo se manifiesta cuando lo "Ordeno por Amor".

Es muy importante realizar plenamente que la Voluntad de Dios para cada uno de sus Hijos, es la Abundancia de toda coda Buena y Perfecta. El Creó la Perfección y revistió a cada Hijo con ese mismo Poder. Todos podemos Crear y Mantener la Perfección y expresar en la Voluntad Dominio Divino sobre la Tierra y todo lo que ella contiene. La Humanidad fue Creada a "Imagen y Semejanza del Padre, y la única razón por la cual no manifiesta su Dominio <u>es porque no usa su Autoridad Divina.</u> Aquello con que cada Individuo está dotado en su Voluntad y con la cual debe gobernar su mundo. Así no está cumpliendo "La Ley del Amor" al no derramar" Paz y Bendición a toda la Creación. Esto ocurre porque no se aceptan ni se reconocen a ellos mismos como lo que son "Templos del Dios Viviente"; Tampoco saben que este reconocimiento debe mantenerse eternamente. La Humanidad en su presente y aparente limitación de tiempo, espacio y actividad está en el caso de la persona que necesita y si alguien le extiende lo que necesita, ella no se acerca a recibirlo ¿Cómo va a gozar del beneficio?. La masa humana está en este estado de consciencia hoy hasta que acepte en su Mente Intelecto - Que El Dios que lleva en el Altar de su Corazón. Es el Dueño - El Dador y El Hacedor de Todo Bien que pueda entrar en sus Vidas y Mundos.

El ser personal de cada uno tiene que reconocer completa e incondicionalmente que la actividad exterior de la mente humana no tiene nada propio hasta la Energía es irradiada al ser personal por "El Gran Ser Divino Interior". Que vive dentro del Altar de su Corazón. "En la Llama Trina Inmortal de la Eterna Vida" Poder, Sabiduría y Amor al Unísono, que no se ha llegado a desarrollar por la degradación en vibración del "Amor Divino", con la generación de las discordias en sus Poderes Creadores - Los Pensamientos y Sentimientos que transmiten en sus Palabras, con la generación del odio contra el odio y sus secuaces. Causa de todo el dolor y sufrimiento humano.

El Amor y Alabanza al "Gran Ser Divino Interior", y la Atención enfocada y mantenida con la Voluntad Consciente en: La Verdad - La Salud - La Paz - El Suministro Divino - La Libertad - La Fe - La Fortaleza - O cualquier otra cosa que sea necesario para tu uso, si son mantenidas persistemente en tu Consciencia (Pensamientos y Sentimientos) serán manifestados, tan absolutamente como existe La Gran Ley de Atracción Magnética en El Universo. La Gran Ley de la Vida que nadie puede cambiar es: "LO QUE TU PIENSAS Y SIENTES LO TRAES A LA FORMA", ya que son Dios en Acción en el Individuo. Donde está tú Pensamiento ahí está tú Sentimiento. En lo que tu Meditas, en eso te conviertes ya que tú eres tú Consciencia. "Pensamientos y Sentimientos Creados por ti mismo"

Cuando uno permite con su Voluntad que su mente permanezca en pensamientos de odio de condenación - de crítica - de lujuria - envidias - egoísmo - celos - temor - dudas o sospechas y permites con tu Voluntad que esos pensamientos generen irritación - discordias dentro de tu sentimientos, es absolutamente seguro que tendrá discordias, fracasos, desastres en tu cuerpo, tu mente y tu mundo. Mientras el ser humano permita que su atención se detenga en tales pensamientos, bien sea respecto a naciones - personas - lugares - condiciones o cosas, estará absorbiendo esas actividades en la Substancia de su Mente - Cuerpo - y sus Asuntos - De hecho estará forzándolos - impeliéndolos a que entren en su experiencia.

Todas estas actividades de discordias - destructivas - llegan al individuo y a su mundo a través de la Atención de sus "Pensamientos y Sentimientos". A menudo el Sentimiento relampaguea antes de que el Intelecto este Consciente en su Voluntad del pensamiento captado por la consciencia exterior - Antes de que pueda usar la Energía de su Voluntad para Controlarse. Y esta experiencia les demostrará cuan gran cantidad de Energía hay dentro de nuestras; muchas creaciones acumuladas por hábito.

La actividad sensorial de la vida por donde generamos los Sentimientos, es el punto más abandonado - menos custodiado por la Voluntad del Intelecto humano en su Consciencia. Es la Energía acumulada por medio de la cual los Pensamientos se convierten en "Cosas" - Yo te Digo: que la necesidad de controlar y vigilar los sentimientos no pueden ser subrayadas demasiado, pues el Dominio con la Voluntad de las emociones juega el papel más importante en la Vida, para mantener el equilibrio Mental - La Salud en el cuerpo; Éxitos y logros en los asuntos del mundo material - o del ser personal del Individuo. Los Pensamientos no pueden convertirse en "Cosas" hasta que no son revestidos con Sentimientos.

Lo que llaman el "Espíritu Santo", es la parte de la Vida que conocemos como "Sentimientos" - Es la actividad del "Amor Divino" - o "Expresión Materna de Dios" - por esto el pecado contra el "Espíritu Santo" - dice la Biblia que, trae tantos tormentos a los seres humanos. Porque cualquier discordia en los sentimientos rompe o viola la Ley del Amor Divino, que es la Ley del Equilibrio - la Armonía y la Perfección del "YO DIOS" Divino Interior de cada Individuo, anclado dentro del Altar de tu Corazón. El crimen más grande en el Universo es contra "La Ley del Amor Divino", y es la incesante fabricación de los sentimientos irritados de discordia y destructivo en que vive la humanidad. Algún día la raza humana conocerá y comprenderá - que las actividades destructivas de la naturaleza sensoria animal de instintos primitivos, sólo entran en los individuos y en sus actividades, cuando hay falta de Auto - Control en los sentimientos o emociones de los individuos, en sus experiencias diarias.

Pero aún los pensamientos destructivos no se pueden exteriorizar y manifestarse, ni convertirse en cosas físicas a menos que pasen por el mundo de los Sentimientos, pues en esta faz, en este momento de la manifestación; es que el átomo físico se coagula de acuerdo con la forma mental o del pensamiento.

Así como el ruido de una súbita explosión causa un choque al sistema nervioso del que la siente, ocasionándole una sensación de temblor en la estructura celular del cuerpo,

así exactamente las llamaradas de sensación irritada por la discordia en los sentimientos, causan choques perturban y desarreglan la fina substancia en la estructura atómica de la mente, cuerpo y mundo de las personas que las experimentan y las lanza hacia fuera en sus palabras, consciente o inconscientemente - intencionalmente o no. El sentimiento de discordia es lo que produce las condiciones que llamamos vejez - falla en la memoria - separación de las familias - quiebra en los negocios - empresa y finanzas - enfermedades, accidentes - drogadicción - desintegración del cuerpo
- y de toda otra limitación en el mundo de la humana experiencia.

El efecto sobre la estructura corporal es idéntico a lo que se produciría sobre un edificio, si el cemento que mantiene ligados los ladrillos recibiera golpes repetidos y que cada día estos fueran aumentados. Este choque continuo sacudiría las partículas componentes de la estructura, el edificio se vendría abajo en una masa caótica y la forma dejaría de existir. Esto es lo que la humanidad está haciendo constamente a la estructura atómica del cuerpo humano.

Darles expresión a los pensamientos y sentimientos de discordia, es el camino de menor resistencia y es la actividad habitual de todos los individuos sin desarrollo espiritual, indisciplinados y voluntariosos quienes se niegan a Comprender "LA LEY DE SU SER O YO - DIOS DIVINO INTERIOR" que vive anclado dentro del Altar de su Corazón. El Lugar Secreto del Altísimo y por lo tanto no quieren traer al ser personal - intelecto - a la obediencia del

Auto-Control de la discordia en sus sentimientos, llegando a mantener con su Voluntad Auto - Consciente, a los Sentimientos Armonizados a toda costa.

Aquel que no quiera controlar sus Pensamientos y Sentimientos está en mal camino; cada puerta de su "consciencia o aura" (pensamientos y sentimientos), está de par en par abierta para que entren en su mente - cuerpo y mundo las actividades desintegrantes - destructivas que botan hacia fuera los pensamientos y sentimientos de otros.

Como no se requiere emplear "Fuerza de Voluntad, ni Sabiduría, ni Entrenamiento" para Purificarse - Disciplinarse - y Perfeccionase, para no ceder a los impulsos destructivos y malévolos de sus pensamientos y sentimientos (palabras). Los seres humanos que así se comportan son apenas niños inconscientes en el Desarrollo de su Auto - Dominio. La necesidad más imperiosa en el mundo humano hoy, es la Atención al Auto - Control de la discordia en los sentimientos y la Auto - Corrección de la atención de los pensamientos (palabras) ya que es tan fácil ceder a los malos hábitos de discordia en los pensamientos y sentimientos, porque la masa humana está sumergida en un ambiente y una Asociación creada por ellos mismos.

El Individuo tiene que hacer el Esfuerzo en su Voluntad Auto - Consciente, de surgir de esta condición indeseada, por medio del Auto - Control de su consciencia exterior - pensamientos y sentimientos creados por los humanos, para poder Trascender estas condiciones de limitación y discordia para siempre, ya que nadie puede quitar de tu vida y tu mundo; la miseria - la discordia - y la destrucción de los unos contra los otros, hasta que Discipline y sujete con su Voluntad sus pensamientos y sentimientos (palabras) destructivas de discordias y limitación. En esta forma se niega con su Voluntad Auto - Consciente Activa, a permitir que la Vida que le fluye por la Mente y el Cuerpo sea calificada con las palabras en la discordia en sus pensamientos y sentimientos, que resulta de cada pequeña molestia que ocurre en el mundo que le rodea. Al principio esta Disciplina requiere un esfuerzo continuo de la Voluntad, porque los pensamientos y sentimientos del 95% de la humanidad andan tan libres e incontrolados por la Voluntad del Individuo como un perrito callejero sin dueño.

Pero no importa cuanto Esfuerzo de la Voluntad Auto - Consciente del Intelecto del Individuo que representa al Padre, para traer las dos actividades del pensamiento y el sentimiento a un Auto - Control total y absoluto, vale el Esfuerzo de la Voluntad del Individuo todo el Tiempo - Energía - y Atención, pues no se puede tener ningún Dominio permanente en la Voluntad del individuo, en nuestra propia Vida y Mundo, sin el auto - control de la discordia en los pensamientos y sentimientos humanos. Nos Revela el Amado Maestro Ascendido "Saint Germain" : Será un placer y mi privilegio enseñarte el uso de estas Leyes Superiores. Su uso y su aplicación permitirán expresar la "Verdadera Sabiduría" y traerte Perfección a tu Vida y Mundo que te concierne. El primer paso hacia el Control de uno mismo, es de aquietar toda actividad exterior de los pensamientos y sentimientos (palabras) tanto de la mente como del cuerpo.

De quince a vente minutos antes de recogerte a dormir y por la mañana antes de comenzar las labores del día, haciendo el ejercicio siguiente: harán pródigos, para todo el que haga el Esfuerzo de su Voluntad Interior, necesario en practicarlo diariamente. El Segundo Paso, es asegurarse de no ser perturbados y después de haberse tranquilizado y estar muy quietos - Visualizar con la Atención en el Tercer Ojo en él entre cejo - Visualizar y Sentir el cuerpo envuelto en una "Luz Radiante Blanca". En los primeros cinco minutos mientras se Visualiza este Cuadro Mental - Sentir intensamente la conexión entre el ser exterior - intelecto - y "El Magno Dios Divino Interior" enfocando la Atención del Pensamiento y Sentimiento en el Corazón - Visualizándolo como un "Sol de Luz Dorada". El Tercer Paso es el Reconocimiento y Aceptación - "YO ACEPTO GOZOSO LA PLENITUD DE MI MAGNA PRESENCIA DE DIOS - "EL CRISTO PURO VIVIENTE" - Yo siento el gran brillo de "La Luz Blanca brillantísima y la intensificó en cada célula de mi cuerpo y de mi mente durante unos diez minutos.

Puedes afirmar, Mi Cuerpo es el Templo del Dios Viviente - (por diez minutos).

Ahora cierre la Meditación ordenando en el Nombre del Amado Maestro Ascendido: Saint Germain - YO SOY HIJO DE LA LUZ - YO AMO LA LUZ - YO VIVO EN LA LUZ

- "YO SOY" DIRIGIDO, PROTEGIDO, ILUMINADO Y CURADO - PROVISTO Y MANTENIDO POR LA LUZ. "YO BENDIGO LA LUZ"   (7).

Recuerda siempre a tu intelecto que uno se convierte, se transforma en aquello que Medita puesto que de "La Luz" salimos. "La Luz" es Suprema Perfección y el Control de todas las cosas. La Contemplación y Adoración de "La Luz", obliga la Iluminación en la Mente- Salud y Fuerza en el Cuerpo - Paz - Armonía y Éxito en los asuntos de cada Individuo que lo haga realmente y lo continué con "Devoción y Fe".

La "Luz es Real" - Tan Real como la Luz Eléctrica en vuestros hogares. Las tres Respuestas Transcendentales que debemos respondernos:

*¿Quiénes Somos? - Somos Luz
*¿De dónde Venimos? - "Del Reino de La Luz"
*¿Hacia donde Vamos? - Al Reino de la Luz

LA LLAVE MAESTRA QUE ABRE LA PUERTA DE LA PERFECTA DICHA LLAMADA FELICIDAD SE ENCUENTRA EN EL AUTO-CONTROL DE LA DISCORDIA EN LOS SENTIMIENTOS LLEGANDO A MANTENER CON LA VOLUNTAD AUTO-CONSCIENTE. A LOS SENTIMIENTOS ARMONIZADOS A TODA COSTA - PARA PODER CONVERTIRNOS - EN VERDADEROS CRISTIANOS - CON EL VERDADER BAUTISMO CON AGUA".

ES LA FORMA DE REACCIONAR CON NUESTROS "PENSAMIENTOS Y SENTIMIENTOS" QUE TRANSMITIMOS CON NUESTRAS PALABRAS - "EL VERBO" - ANTE TODAS LAS COSAS QUE PODAMOS CONFRONTAR EN NUESTRO DIARIO VIVIR - LO QUE PRODUCIRÁ COMO CAUSA - LOS EFECTOS QUE VEMOS Y SENTIMOS - EN NUESTRO CUERPO Y MUNDO QUE NOS CONCIERNE.

Saca todo de tu "Mente Intelecto" menos lo que tu "Deseas en tus Sentimientos"- Puros de "Amor Divino".

Porque lo que tú "Deseas en tus Sentimientos Puros - de "Amo Divino" - Es lo que te concierne.

No hay sino, una sola persona que puede calificar con las Palabras, en tu "Vida y Mundo" - a la Substancia Universal" - de la Naturaleza de "Dios Padre" - "La Madre del Mundo - que es "Puro Amor Divino" - Equilibrio - Armonía y Perfección - que por "El Libre Albedrío" que se nos dio, en la Voluntad - Fortaleza y Fe" del Elemento Mental - Intelecto - que representa al Padre - "Te obedece - siempre te ha obedecido. Y siempre te obedecerá; a través del uso que hagas, de tus "Poderes Creadores - Los "Pensamientos y Sentimientos" - que transmites con tus "Palabras" El Verbo.

La "Substancia Universal" de la Naturaleza de Dios Padre - con sus cuatro Elementos: Tierra - Agua - Aire y

Fuego - Invisibles y Visibles" jamás desobedecen, a tu Voluntad - Fortaleza y Fe. Ella es una fiel copiadora de las cualidades que le Transmitimos con nuestras "Palabras" - En el uso que hacemos, de nuestros "Poderes Creadores" "Los Pensamientos y Sentimientos".

Todo lo que tenemos manifestado, en el "Bien - Armonioso - Constructivo - o en mal - desarmonioso - destructivo, en nuestro: cuerpo - hogar - trabajo - negocios - empresas y finanzas - son Ordenes que has dado en el pasado, a La "Substancia Universal" que pueden ser "Transmutados", cambiando tu forma habitual de: "Pensar .- Sentir - (Hablar) - Decidir en tu "Voluntad y Creer" con tu Fe".

La Humanidad a través de los siglos, ha calificado con sus "Palabras" a la "Substancia Universal" como algo deteriorado y limitado. Y así los cuerpos que la Humanidad, está usando hoy, están expresando esas características.

La raza Humana entera - Siente dentro de sí, tempestades, del odio contra el odio y sus secuaces: discordia - ira - insultos - venganzas - resentimientos - envidias - egoísmo - celos - etc.

La "Substancia Universal" de la "Naturaleza de Dios Padre" - La Madre del Mundo" - que es "Amor - Puro y Divino" con sus cuatro Elementos: Tierra - Agua - Aire y Fuego" - Invisibles y Visibles" - Es obediente incondicionalmente, a la Voluntad - Fortaleza y Fe" - del

Intelecto del Individuo. En todo momento está respondiendo, a los "Pensamientos y Sentimientos" que el "Ser Humano" - Transmite con sus "Palabras" El Verbo". No hay momento, en que los "Seres Humanos, no estén imprimiéndole una u otra Cualidad, a la "Substancia Universal". Y es únicamente cuando el Individuo, se hace "Auto-Consciente" en la Voluntad de su Intelecto, de que puede manipular un "Océano sin límites de la "Substancia Universal" de la Naturaleza de "Dios Padre" que empieza a comprender las grandes e ilimitadas posibilidades, de sus propios "Poderes Creadores". Y la responsabilidad que asume, en el uso con su "Voluntad, de sus "Pensamientos y Sentimientos" que transmite, con sus "Palabras" - "El Verbo".

Estas cualidades, son impresas sobre los "Cuatro Elementos de la Naturaleza: "Tierra - Agua - Aire y Fuego - entonces la "Naturaleza" con sus cuatro Elementos, los devuelve, a los seres humanos y a sus bienes materiales, bajo la forma de: Terremotos - Ciclones - Maremotos - Tempestades - Inundaciones - Incendios - Enfermedades - Accidentes - Pobreza - Limitaciones - Robos - Crímenes.

Esto no son, sino la forma, en que la "Naturaleza, con sus cuatro Elementos se Purifica, quitándose de encima la contaminación de las discordias, del odio contra el odio y sus secuaces, de la naturaleza sensoria animal humana de instintos primitivos, transmitidos en las Palabras por los seres humanos, que juzga, a través de los cinco sentidos materiales - que al igual que el humano, poseen los animales de la selva que se devoran unos a otros, al igual que los humanos.

En la "Substancia Universal" de la "Naturaleza de Dios Padre" - La Madre del Mundo - Existe la "Actividad del "Amor Divino" - que la humanidad, por su ignorancia a "La Ley de "Su - Yo - Dios" Divino Interior - anclado en una "Chispa Divina de Luz, del Fuego Sagrado del Espíritu Divino del Creador Universal" dentro del "Altar de su Corazón El Lugar Secreto del "Dios Viviente", se niega a reconocer y a obedecer en su Voluntad.

Luego por esta terquedad voluntariosa, la humanidad paga continuamente con el sufrimiento y las limitaciones, hasta que el "Intelecto" - del ser Humano - Aprenda "La Verdad Fundamental de "LA LEY DE SU YO - Dios Divino Interior- Equilibrio - Armonía y Perfección.

Lo que está en "Ley", en estos momentos, para toda Humanidad, es que Todos junten la Voluntad de su Intelecto, con "La Suprema Voluntad de Dios Padre" En una sola Voluntad - La del Bien Omnipotente. Para que Gobierne La Voluntad de "Dios Padre", en el "Altar del Corazón sobre el Intelecto. Así la discordia y el sufrimiento de la humanidad en la tierra, y las actividades destructivas de los cuatro Elementos de la Naturaleza, cesarán para siempre.

Es falso la idea ortodoxa, de que "Dios" - actúa según su propia Voluntad, en la Vida de cada Individuo - "Dios" actúa solamente, a través de la Voluntad de su propia

Individualización, que está vestida con la "Personalidad que ves a tu alrededor que son solo vehículos de uso y expresión, en el Mundo de las formas. De esta Poderosa Individualización que forma - "La Voluntad de Dios y tú Libre Albedrío. La Personalidad vive bajo la "Dirección Auto-Consciente de tu Voluntad de tu "Mente Intelecto" que representa, a la Voluntad de Dios Padre" - donde se nos dio "Libre Albedrío".

Ahora entremos a "La Comprensión Simple - "DEL DESEO DE DIOS - Y EL LIBRE ALBEDRÍO - "EL DESEO DE DIOS - ES LA OPULENCIA DE BUENA VOLUNTAD- QUE ES LA PRIMOGÉNITA DE CADA UNO DE LOS HIJOS DE DIOS.

COMO HIJO DE DIOS AL QUE EL PADRE HA DADO "LIBRE ALBEDRÍO" TIENE QUE COMPRENDER QUE SOLAMENTE EN TI ESTÁ EL AFIRMAR EN TUS "PALABRAS - EL VERBO" LO QUE ACTUARÁ EN TU VIDA Y MUNDO.

"ES EN EL "PLANO MENTAL" DE LOS "PENSAMIENTOS Y SENTIMIENTOS" QUE TRANSMITIMOS CON LAS PALABRAS "EL VERBO" - DONDE LAS LEYES QUE NOS RIGEN ARMONIOSAMENTE EN EL UNIVERSO DE LA CREACIÓN MENTAL ENCUENTRAN SU APLICACIÓN VERDADERA.

DESDE HACE DOS MIL AÑOS - EL AMADO "JESÚS EL CRISTO" - NOS REVELA EN EL "SERMÓN DEL MONTE - EN EL EVANGELIO DEL AMADO - MAESTRO - "SAN MATEO"   EL PODER DE LA PALABRA - "EL VERBO".

"DE TODA PALABRA OCIOSA QUE HALAREN LOS HOMBRES - DE ELLA DARÁN CUENTA EN EL DÍA DEL JUICIO".

"PORQUE POR TUS PALABRAS SERÁS JUSTIFICADO - Y POR TUS PALABRAS SERÁS CONDENADO".

En el "Símbolo" - a nivel "Mental Espiritual" dentro del - "Cuerpo Templo" - del Individuo - del "La Imagen del - "Sagrado Corazón de JESÚS" - Se nos muestra - Un Corazón saliendo dentro de él, una "Llama de Luz" - pero rodeado de espinas y sangrando.

Esta "Simbología", nos hace Comprender, como toda la humanidad, a través de los siglos en la evolución de su alma, ha mantenido - "La Magna - Energía - Substancia - Luz - Cósmica - Crística - Crucificada o atada, a las falsas creencias destructivas, de las apariencias del mal, generada por la naturaleza sensoria animal humana de instintos primitivos, que genera y transmite en las palabras, el odio contra el odio y sus secuaces - Causa de todo el dolor y sufrimiento humano - de animales y plantas.

Nuestro "Yo Dios - Divino Interior Cristico Viviente" - anclado dentro del "Altar del Corazón" El Lugar Secreto del "Dios Viviente" - Es la "Única Causa" de - Todo bien Deseado" que pueda entrar, en nuestra" - Vida y Mundo" - EL ES EL DUEÑO - EL DADOR EL HACEDOR - Y LA DAVIDA MISMA".

Así "Comprendemos" - que "La Sabiduría Divina - Cósmica Crística la expresamos a través del "Pensamiento Conceptual o Superior - Eterno - Inmutable - en su Perfección del "Bien Ilimitado, de la "Substancia Universal" - de "La Verdadera Naturaleza de "Dios Padre" - que es "Puro Amor Divino" que Trasciende todo concepto, de la naturaleza sensoria, animal humana, de instintos primitivos, que genera el odio contra el odio y sus secuaces: resentimientos - envidias - egoísmo - discordias - insultos - celos - orgullo - soberbia - crítica y mala condenación con las palabras destructivas hacia el prójimo - y a los cuatro "Elementos de La Madre Naturaleza - que es "Puro Amor Divino - "Equilibrio - Armonía y Perfección - sin los cuales no existiría - Vida - manifestada en el Planeta.

El Sentimiento lleva consigo cierta Visión Coexistente. Uno a menudo, "Siente la Cosa" Deseada", con tal Claridad que Verdaderamente la "Ve Manifestada, desde la posición Interna.

La Sugestión pone "La Ley" en Acción" para se "Cumpla y Manifieste en lo Físico lo Deseado en los Sentimientos", El Deseo Intenso en los Sentimientos, es quien hace "El Milagro" - o "Manifestación de lo Deseado, del Reino Inagotable de la "Substancia Universal" de La "Naturaleza de Dios Padre" "La Madre del Mundo "Sentimientos Puros de Amor Divino" - Equilibrio - Armonía y Perfección - por un mejor Bien, en nuestras Vidas y Mundo".

Cuando un Individuo, estudiante de "La Verdad del Ser Divino Interior, anclado dentro del "Altar de su Corazón" "El Lugar Secreto del "Dios Viviente": Usa una afirmación - Decreto", el logra una "Aceptación Plena en sus "Sentimientos", de "La Verdad" de aquello que "Afirma", ya que el uso de la "Afirmación o Decreto", sólo es para enfocar, o concentrar la "Atención del Pensamiento", tan plenamente, sobre "La Verdad Deseada" que la "Acepta en sus Sentimientos". Ya que el "Sentimiento", es la propia "Energía - Substancia - Luz" - Divina Descargada, la cual manifiesta "La Verdad Afirmada".

Así el uso continuo de las "Afirmaciones o Decretos de "La Verdad Deseada, lo lleva a uno al punto, en que se obtiene tan profunda realización, de "La Verdad" en todo aquello que el Individuo Afirma" que ya no está más consciente, de ello como "Afirmación"

El "Deseo Correcto" en el "Sentimiento" es la forma "Correcta" y más profunda de "Oración". Así pues el uso de "La Afirmación, eleva su "Ser exterior Intelecto", a la plena aceptación de "La Verdad Deseada; y genera el Sentimiento que lo convierte en la cosa manifestada. En esta honda

Aceptación en el "Sentimiento", viene la "Manifestación ya que por "La Concentración" La Palabra Hablada - El Verbo - comienza a "Causar" la "Actividad Instantánea".

En el mismo instante que tu "Afirmas" "Yo Soy" - Es tú YO DIOS - Divino Interior" - anclado dentro del "Altar de tu Corazón" - "El que allí se está expresando, en tus "Pensamientos - Sentimientos (Palabras).

Alrededor de cada Individuo, en su "aura" hay todo un mundo, de "Pensamientos y Sentimientos que mantiene como concepto o Creencias, degradados en vibración - de Luz, en oscuridad - creados por el mismo - que cada ser humano tiene que aprender a "Transmutar", con el uso de su "Voluntad Superior Interna" - "Auto - Consciente; y pueda realizar: "La Limpieza del Lugar Secreto del Altísimo" "El Altar del Corazón " Como nos Manda el Amado "JESÚS EL CRISTO" con la práctica de: "Niégate - a ti mismo "Conoced La Verdad" y Ella os hará Libres"

Con el uso de la práctica Mental del "Auto Control" de la discordia en los sentimientos, llegando a mantener a los "Sentimientos Armonizados" a toda costa - "El Verdadero Bautismo" con Agua" - logramos la "Auto - Corrección de la "Atención del Pensamiento (Palabras) no dejándolo correr con la "Voluntad Superior Activa, hacia las falsas creencias destructivas de las apariencias del mal - sus limitaciones y frustraciones, generadas por la naturaleza sensoria animal humana de instintos primitivos - del odio contra el odio.

Todo el mundo anda buscando, la Perfecta Dicha, llamada Felicidad, y sin embargo, la mayoría de quienes la buscan con tanto ahínco, continúan de largo ante "La Llave Maestra" que abre la "Puerta de la Felicidad. La Llave Maestra que abre la Puerta de la Felicidad y el "Poder Inherente que la mantiene constante, se encuentra, en el "Auto-Control de la discordia en los Sentimientos, llegando a mantener con la "Voluntad Superior Activa" a los Sentimientos Armonizados a toda Costa.

EL AMADO MAESTRO ASCENDIDO "SAINT GERMAIN" - DIOS LIBERTAD NOS REVELA:

Vuestro Corazón, es en Verdad" uno de los "Dones Favoritos de Dios". En su Interior existe una "Cámara Central" rodeada de un "Campo de Fuerza de tal "Luz y Protección que llamamos un "Intervalo Cósmico".

Es una "Cámara Central" separada de la materia y ninguna sonda podría nunca descubrirla. Ocupa simultáneamente, no solo la "Tercera y Cuarta Dimensión, sino otras Dimensiones desconocidas para el "Hombre - Intelecto".

Esta "Cámara Central" llamada "El Atar del Corazón - que el Amado "JESÚS EL CRISTO" - Denominó "El Lugar Secreto del Altísimo - es el Punto de conexión con "El Poderoso Cordón Cristalino lleno de "Luz Blanca Brillantísima de "La Pureza - Resurrección y Ascensión que "Desciende del Corazón de vuestra "Amada Todopoderosa

Presencia Gobernante de Dios - Individualizado. "YO SOY" - ubicado en su mayor parte de "Energía - Substancia - Luz encima de la cabeza, penetrando por el tope de la cabeza, anclándose dentro del "Altar del Corazón. El Lugar Secreto del Altísimo. Para alimentar el latido del Corazón y a los cuatro cuerpos que forman al "Ser Humano": Físico - Emocional - Mental y Etérico, en Correspondencia con los cuatro Elementos de la Naturaleza de Dios Padre" La Madre del Mundo - Amor Puro Divino - Equilibrio - Armonía y Perfección. Donde Vivimos - Nos Movemos - y Tenemos nuestro Verdadero "Ser - o Yo - Dios Divino Interior de cada Individuo.

Apremio a todos los "hombres - Intelectos" a que guarden como un "Tesoro" este Punto de Contacto que tienen con "La Vida - Pura - Divina y Perfecta", por medio de su reconocimiento "Auto-Consciente" - "Dios en Acción "YO SOY" está allí dentro del "Altar de Tú Corazón" esperando tú "Amor - Adoración - Devoción y Fe". Y existe en una diminuta "Chispa de Luz" del Fuego Sagrado del Espíritu Divino del Creador Universal que solo genera en nuestro "Poderes Creadores" - Los Pensamientos y Sentimientos" - que son transmitidos por las "Palabras" "El Verbo - o Logos Viviente La Perfección, del Bien Ilimitado de "La Substancia Universal, de "La Verdadera Naturaleza de "Dios Padre" - que es "Amor Divino" La Madre del Mundo - "Equilibrio - Armonía y Perfección - regida por "Principios o Leyes" Inmutables, en "El Universo de la Creación Mental".

Es una Diminuta Chispa de Luz" de medio centímetro - (1/2). Y se llama "LA DIVINA LLAMA TRINA INMORTAL DE LA ETERNA VIDA - CONTENIENDO LA TRINIDAD - DEL "PODER - SABIDURÍA Y AMOR DIVINO" - Incrementando la Divinidad del "Alma" al mismo tiempo que "Bendice a su Humanidad - animando los más nobles "Sentimientos" y Aspiraciones hacia "El Cielo" - o Reino de "La Luz", - trayendo "Alegría - Entusiasmo - Paz - Armonía - Salud - Éxito - Riquezas y Felicidad en el Individuo - y en su "Hogar - Trabajo - Negocios - Empresas y Finanzas.

En Verdad la Llama Trina Inmortal de "La Eterna Vida" - dentro de la Cámara Central" del "Altar de tu Corazón, es el "Derecho Divino, de todo "Hijo de Dios" - Es la "Sede de su Divinidad Consciente" - y a través de "Ella" te conectas, con tu "Amada Poderosa Presencia de Dios Individualizado "YO SOY" - por medio del Poderoso Cordón Cristalino - y con sus Divinos Mensajeros Ascendidos en "La Luz" - Y en la Cámara Central" del "Altar de tu Corazón" - "Arde como: Poder - Sabiduría y Amor Divino, al Unísono.

Es una "Llama Trina Inmortal de "La Eterna Vida - Floral - de "Tres Pétalos de Luz" - Lado Izquierdo - dentro de la Cámara Central del "Altar del Corazón" El Pétalo de Luz - Azul y Cristal - Os une con "La Suprema Voluntad de Dios Padre - en Vuestro Mundo - "La Abundancia de "Todo Bien Deseado" - Enciende Vuestra "Fuerza de Voluntad", en el seno frontal y Vuestra "Fe" - en la glándula Pineal, en el

Centro del Cerebro - y os da el Poder del Verbo - en la raíz de la lengua para el "Logro de la Maestría, del "Auto - Control" de la discordia, en los sentimientos llegando a mantener con la fuerza de la Voluntad "Auto-Consciente" a Los Sentimientos Armonizados a toda costa. Y os da vuestra determinación Divina" para "Desarrollar vuestro "Plan Divino" - a través de los "Cuatro Cuerpos: Físico - Emocional - Mental y Etérico en Correspondencia, con los Cuatro Elementos de "La Naturaleza" " La Madre del Mundo" que es "Puro - Amor Divino - Equilibrio - Armonía y Perfección - "Invisibles y Visibles" "Tierra - Agua - Aire y Fuego".

Lado Derecho - Dentro de la Cámara Central" del "Altar del Corazón" El Pétalo de Luz - Rosado - Blanco - que os une en Vuestro Mundo - con el "Amor - Puro - Divino - de Dios Padre"- su Verdadera Naturaleza - con la Adoración a "Dios con la "Opulencia" El Confort - y la Perfección con la "Compasión" - La Misericordia - La Ternura - Suavidad - Diplomacia - y Habilidad - para entendernos Bien, con nuestros compañeros humanos - con el "Perdón de los errores humanos - con la "Gracia de "Dios Padre y del "Espíritu Santo" - Madre - así como la manera práctica de poner "El Plan Divino en Acción" en el Mundo Físico.

En el Centro - de "La Cámara Central - del "Altar del Corazón" - El Pétalo de "Luz - Dorada - Blanca "Es el ancla que os une en vuestro Mundo con "El Dorado Tesoro de "La Mente Universal" Infinita y Viviente" de "Dios Padre -

Madre" en "La Mente del Yo - Dios - Divino Interior de cada Individuo - con la Inteligencia discriminadora - entre el "Bien y el mal - con la Iluminación de nuestra Consciencia - Exterior - Intelecto - con la Sabiduría Divina.

La Verdadera Inteligencia - Divina que Ilumina, a todo "Hombre" Intelecto - que viene a este Mundo con el "Amor Cósmico Cristico - con la Paz - La Verdad - la Constancia - y la Lealtad.

El "Amor - Adoración - Devoción y Fe" que deis diariamente - tres veces al día a la Llama Trina Inmortal de la Eterna Vida - dentro de la "Cámara Central" en el "Altar de tú Corazón" - Amplificará "Las Tres Llamas" Poder - Azul y Cristal - Sabiduría - Dorada - Blanca y Amor Divino - Rosada - Blanca - al Unísono - y se expandirán como un "Aura" en contorno tuyo con todos los Atributos de "La Divinidad" y todos la verán - y producirá una nueva Dimensión   para   vosotros   que   se   manifiesta subsconscientemente, dentro de los pliegues de vuestros "Pensamientos más íntimos".

Esta Plegaria del "Amado Maestro Ascendido "Saint Germain" - Dios Libertad - Junto con su Complemento Divino La Diosa de la Oportunidad - Porfía - Encargado de la Tierra y sus Evoluciones en estos Dos mil años - de esta era Dorada Mental Espiritual Cósmica Cristica - del Tercer Milenio- Atrae dentro de "La Cámara Central" del Altar de tu Corazón - A los Santos Angeles Ascendidos "FE - ESPERANZA Y CARIDAD" - Quienes llevan LA LUZ DE

LA TRINIDAD - PADRE - HIJO - Y ESPÍRITU SANTO
MADRE - SENTIMIENTOS DE "PURO AMOR DIVINO"
- Dentro de "La Cámara Central" del Altar de tu Corazón -
"Avivando Los Fuegos - de "Esta Diminuta Llama trina
Inmortal de la "Eterna Vida.

"PLEGARIA"

EN EL NOMBRE DEL AMADO MAESTRO
ASCENDIDO "SAINT GERMAIN" Y LA DIOSA DE LA
OPORTUNIDAD - EN LA ACCIÓN DE "DIOS PADRE -
MADRE - YO ORDENO"

"YO SOY" LA LUZ DEL CORAZÓN BRILLANDO
EN LAS TINIEBLAS DEL SER Y CONVIRTIENDO
"TODO" EN EL DORADO TESORO DE LA MENTE DE
"DIOS - PADRE - MADRE" EN LA MENTE DEL "YO -
DIOS - DIVINO INTERIOR DE CADA INDIVIDUO.

YO AHORA ESTOY PROYECTANDO "MI AMOR"
HACIA EL MUNDO AFUERA PARA BORRAR LOS
ERRORES - Y DERRIBAR TODAS LAS BARRERAS,

"YO SOY" SIEMPRE EL MAJESTUOSO PODER
DEL AMOR PURO QUE TRASCIENDE TODO
CONCEPTO HUMANO Y NOS ABRE LA PUERTA DE
LA LUZ DENTRO DE SU CORAZÓN -
AMPLIFICÁNDOSE A SÍ MISMO - HASTA QUE SEA
VICTORIOSO EN EL MUNDO SIN FIN.
Gracias - así sea (7 veces).

Cambia "El Ciclo" - a una "Nueva Dispensación
que trae medios más "Poderosos" más rápidos, para el paso
del "Cumplimiento de "La Gran Ley Cósmica del "Amor
Divino"- "Equilibrio - Armonía - y Perfección" - del "Yo
Dios Divino Interior de cada Individuo - anclado dentro del
Altar del Corazón El Lugar Secreto del Dios Viviente".

"LA GRAN LEY DE LA VIDA
QUE NADIE PUEDE CAMBIAR ES:

"DONDE ESTÁ LA ATENCIÓN
DE TUS "PENSAMIENTOS Y SENTIMIENTOS
AHÍ ESTÁS TÚ"

Y EN LO QUE LA ATENCIÓN DE TUS
"PENSAMIENTOS Y SENTIMIENTOS" REPOSAN-
EN ESO TE CONVIERTES".

En este nuevo "Ciclo" - la Disciplina para el neófito,
será enfocar o concentrar la "Atención" de sus
"Pensamientos y Sentimientos" - (Palabras), sobre los
"Centros" más altos del cuerpo. Únicamente serán los
"Centros" del "Corazón - Garganta - y Cabeza" donde harán
su trabajo, ya que solamente quitando la Atención de sus
"Pensamientos y Sentimientos - (Palabras) de los "Centros"
más inferiores, es que podrá el Intelecto del Individuo,
elevarse por encima de las discordias - limitaciones -
frustraciones y sufrimientos, generado por el odio contra el
odio, de la naturaleza sensoria animal humana de instintos
primitivos.

EL PODEROSO CENTRO LARINGEO DE LA GARGANTA - EN LA RAÍZ DE LA LENGUA - "LA PALABRA - EL PENSAMIENTO HABLADO - QUE SÓLO EL SER HUMANO POSEE - EN EL PLANETA.

Este Centro, está ubicado en la raíz de la lengua, tiene en su estado óptimo 16 Pétalos de "Luz Azul y Cristal" Blanca - de: Fuerza - Fe - Poder y Protección de la Suprema Voluntad de "Dios Padre" - Este es "El Centro del Poder del Verbo - o Logos Viviente - que se hace carne - o manifestaciones de formas materiales, en el: cuerpo - hogar - trabajo - negocios - empresas y finanzas, en el Individuo.

Por medio del "Don del Habla que únicamente - el "Hombre - Intelecto" posee, puede liberar grandes cantidades de: "Energía Substancia - Luz con el uso en ese Centro, de su - "Libre Albedrío" - en sus "Palabras - El Verbo - o Logos Viviente, generando "Causas" que le producirán "Efectos" - en lo "Constructivo - Armonioso, del Bien Ilimitado de la Substancia Universal de "La Naturaleza de "Dios Padre" - La Madre del Mundo - que es "Amor Puro - Divino - Equilibrio - Armonía y Perfección. O generando "Causas" de la naturaleza sensoria animal humana de instintos primitivos, del odio contra el odio y sus secuaces - que luego verá y sentirá manifestadas, en su vida y mundo que le concierne, con el uso que haya hecho en sus "Palabras - "El Verbo o Logos Viviente" - de sus "Poderes Creadores .- "Los Pensamientos y Sentimientos".

La Gran Ley de la Vida - que nadie puede cambiar es: Lo que "Pensamos - Sentimos" - (Hablamos Constamente) - es atraído hacia nuestra Vida y Mundo" - como el imán atrae las limaduras de hierro - querásmolo o no - vive en nuestra Consciencia - (Pensamientos y Sentimientos) y da su fruto, o manifestaciones, en el "Bien - Armonioso - Constructivo" - o en el "mal - desarmonioso - destructivo".

A través del uso "Disciplinado" de la "Palabra" - El Verbo - o Logos Viviente el Individuo, puede hacer grandes progresos en el ajuste de todos nuestros "Centros y en los "Cuatro Cuerpos que forman al "Ser Humano" Físico - Emocional - Mental y Etérico, en Correspondencia con los "Cuatro Elementos de la Naturaleza - "Invisibles y Visibles": Tierra - Agua - Aire y Fuego.

Los sentimientos irritados,generados, por la discordia del odio contra el odio y sus secuaces, de la naturaleza sensoria animal humana de instintos primitivos, que se generan en el "Plexo Solar" boca del estómago, la unión del "Plexo Cardiaco" y "Plexo Solar", siendo expresados por el "Pensamiento - y transmitidos por las "palabras" destructivas, hacia uno mismo - familiares - amigos - personas - sitios - grupos políticos y religiosos etc., provocan desequilibrio en todos los "Centros Nerviosos" y en los cuatro cuerpos: Físico - Emocional - Mental y Etérico que forma el "Cuerpo Templo del Individuo. Porque el "Centro de la Garganta, es el "Centro de Mando" a través del cual nuestras "Fuerzas Creativas" del "Pensamiento y

Sentimiento", fluyen hacia la Substancia Universal de "La Vida - Pura - Divina y Perfecta, estableciendo de acuerdo a su uso el tono de nuestra "aura" que rodea al cuerpo, y nuestra "Consciencia" ("Pensamientos y Sentimientos").

Este concepto no es nuevo. Desde hace "Dos mil años" - El Amado "JESÚS EL CRISTO" nos previno sobre el uso del "Don del Habla - "La Palabra - El Verbo - o Logos Viviente" que solo el Hombre - Yo - Posee.

DE TODA PALABRA OCIOSA QUE HABLAREN LOS HOMBRES" - DE ELLA DARAN CUENTA EN EL DIA DEL JUICIO"

PORQUE POR TUS PALABRAS SERAS JUSTIFICADO" - Y POR TUS PALABRAS SERÁS CONDENADO"

"NO ES LO QUE ENTRA POR LA BOCA LO QUE CONTAMINA AL HOMBRE"

LO QUE CONTAMINA AL HOMBRE ES LO QUE DE SU BOCA SALE. PORQUE LO QUE SU BOCA SALE DEL CORAZÓN PROCEDE".

DEL CORAZÓN DE LOS HOMBRES SALEN LOS MALOS PENSAMIENTOS - CRIMENES - ROBOS - EL OJO MALIGNO - LAS ENVIDIAS - EGOISMO - INSULTOS - Y BLAFEMIAS" "ESTO ES LO QUE CONTAMINA AL HOMBRE".

"MAS SEA TU HABLAR - SI - SÍ - NO - NO - "PORQUE TODO LO DEMÁS QUE DE AHÍ VIENE DEL MAL PROCEDE".

ESTO ES LO QUE "EL AMADO "JESÚS NOS MANDA A:

"LIMPIA TU LUGAR SECRETO" - EL ALTAR DEL CORAZÓN - "EL LUGAR SECRETO DEL DIOS VIVIENTE"
"NIÉGATE A TI MISMO " - "CONOCED LA VERDAD Y ELLA OS HARÁ LIBRE".

La Negación del mal y La Afirmación del Bien - son "Dos Angeles del Amado Arcángel Miguel - Gran Arcángel de la Protección y Defensor de "La Fe que viene en nuestra ayuda.

La Negación de la apariencia del mal, grabada en nuestra "Consciencia - ("Pensamientos y Sentimientos") borra la falsa creencia que pueda estar manifestada, en nuestra Vida y Mundo". Y La Afirmación de nuestro "YO DIOS - Divino Interior" - que es "La Perfección del Bien Ilimitado, de "La Substancia Universal de "La Vida - Pura - Divina y Perfecta, graba la nueva Convicción del Bien que "Deseáramos tener manifestado. Así tantas veces, se te presente en tus "Pensamientos y Sentimientos" - (Palabras), o en la Mente de otra persona - quitámosle el Poder que le habíamos dado, a través de la Atención de nuestros "Poderes Creadores" - Los Pensamientos y Sentimientos" que

Transmitimos con las Palabras - El Verbo - y se esfumará en la nada de donde vino, dejándonos "Libres para siempre".

En la mayoría de las personas, "Las Palabras dejan de tener sentido. La gente las usa, para mentir - engañar a otros - maldecir - insultar - criticar y condenar al prójimo, y todo se justifica, con el comentario de: Sólo son palabras. Lo lamentable es que en la naturaleza sensoria animal humana, de instintos primitivos, las palabras se han hecho vacías, sin "Sentimientos de Amor Divino".

En estos momentos de la "Evolución del "Alma del Ser Humano" - En esta "Era Mental Espiritual Superior de Acuario, del Tercer Milenio - nos encontramos en una Transición - pasando de la naturaleza sensoria animal humana externa de instintos primitivos - a "La Verdadera Naturaleza de Dios Padre" - "Amor Divino" - Equilibrio - Armonía y Perfección" - Y nos encontramos, en la Comunicación automatizada - y las Computadoras hablan unas a otras, más rápidamente y con más precisión que la gente, sin embargo ellas fueron creadas, por la "Mente del Individuo". El único "Ser Viviente que tiene el "Poder de Dios, para Crear en el Planeta.

Así, la mayoría ha creído que la "Tecnología", es la cura para todos nuestros males. Observemos - La Palabra - "Tecnología" - viene del Griego - que significa "Arte o Artesanía" - y Logos que significa "Palabra". Así nos encontramos en la era del Tercer Milenio - Del Arte de la

Comunicación con "La Palabra" entre los Individuos, siendo esto uno de nuestros mayores problemas a resolver.

La Plegaria de "David", debería ser la nuestra. "SEÁN GRATOS LOS DICHOS DE MI BOCA Y LA MEDITACIÓN DE MI CORAZÓN DELANTE DE "TI" ¡OH! JEOVÁ - ROCA - MÍA - Y REDENTOR MIO!

Si todos Pensáramos, lo que vamos a "Decir en nuestras Palabras" - El Verbo - cada vez que "Hablamos", como si estuviéramos "Hablando" delante de Dios - nuestras conversaciones del significado de "La Vida" serían completamente distintas. Contemos hasta (7 - Siete-) antes de hablar - Este es el primer paso para "Limpiar nuestro Centro Laringeo" El Poder del Verbo - Prurificad Vuestra lengua -

La Auténtica "Voluntad de Dios Padre" - que nosotros mal usamos, en este "Centro del Poder del Verbo - La Palabra - puede convertirse en "El Poder" para unir "La Ley" Cósmica a Nuestras Vidas - y Mundo - y Liberarnos para siempre, de la naturaleza sensoria animal humana de instintos primitivos del odio contra el odio y sus secuaces. Causa de todo dolor y sufrimiento humano.

Probad este "Mantra" del Amado Maestro Ascendido - "Saint Germain" - Dios Libertad - "ESTO FUNCIONA".

Con la Atención - en el Centro Laringeo" El Poder del Verbo y con la mano derecha con los tres dedos - Pulgar -

índice y Medio - unidos - y los otros dos dedos escondidos en la planta de la mano como nos muestra "El Amado "JESÚS EL CRISTO" colocados sobre el "Centro Laringeo" y la mano izquierda sobre el Centro del Corazón - En el pecho Visualizando - "La Llama Trina Inmortal de "La Eterna Vida" - dentro del "Altar del Corazón - El Lugar Secreto del "Dios Viviente" Poder - Sabiduría y Amor Divino - al Unísono - Afirmad - (7 veces). Este Poderoso Mantra del Amado "Saint Germaín".- para limpiar tus centros-

Que no se haga mi voluntad - (4 veces) sino la tuya sea hecha - Amada presencia Gobernante de Dios "YO SOY" - Así sea".

Visualizad y Siente - La Llama Azul y Cristal del designo de la Vida girando en óptima condiciones en tu Centro Laringeo, en la raíz de la Lengua con sus 16 Pétalos de "La Azul y Cristal" - y Afirmad - para cargar vuestra "Mente y Cuerpo" - "Con La Voluntad Suprema de Dios Padre" - El Poderoso Mantra del Amado Maestro Ascendido - "Saint Germain".

"YO SOY" En mi Centro Laringeo -
1.- Del Poder del Verbo - "Un Ser de Fuego Violeta"
"YO SOY" En mi Centro Laringeo.
2.- Del Poder del Verbo " - La Pureza que Dios Desea"
(7 veces los dos)

Luego Afirmad:

TODO PODER ME HA SIDO DADO - EN ESPIRITU - MENTE Y CUERPO - "EL VERBO A TRAVÉS DEL SONIDO DE MIS CUERDAS VOCALES - TIENE TODO PODER PARA CONTROLAR TODA INFLUENCIA NEGATIVA - "YO" DOY RIENDA SUELTA A MIS FUERZAS ESPIRITUALES DE LA "LUZ AZUL Y CRISTAL - QUE TODO LO PUEDE PARA CONTROLAR MIS PENSAMIENTOS Y SENTIMIENTOS EXTERNOS - PARA VIGORIZAR MI CUERPO - Y PARA TENER ÉXITO EN TODO LO QUE HAGO - Y PARA BENDECIR A OTROS"

"GRACIAS - ASÍ SEA".

"EL LUGAR DEL SOL"

Complementando "El Centro de la Garganta, debajo del Corazón - en la boca del estómago, uniendo al "Centro Cardiaco", está "El Centro" del "Plexo Solar" y corresponde al "Centro Nervioso", por donde generamos los "Sentimientos" y corresponde al "Centro Nervioso, por donde nuestra "Amada Todapoderosa Presencia de Dios Individualizado "YO SOY" - "Nuestro Dios Divino Interior" manda sus "Irradiaciones al: Cuerpo - Al Alma y a la Consciencia" Y por donde recibimos las sugestiones de la mente externa sensoria animal humana de instintos primitivos, del odio contra el odio.

En su estado óptimo posee 10 Pétalos de "Luz Blanca - con tintes Oro-Metálico y Rosado - formando "La Luz" "Oro Rubí de: Paz - Gracia - Curación y Suministro Divino". - Cuando te sientes agitado - ansioso - con dudas y miedos - tensiones - y notas desasosiego en la boca del estómago, sabéis que es Vuestro "Plexo Solar", el que ha sido afectado -. Esta Energía de sentimientos es liberada a través del "Centro Laringeo, en la raíz de la lengua, usando "Palabras Armoniosas - Constructivas, generadas por los "Sentimientos" de "Amor Divino" de la Naturaleza de "Dios Padre" - La Madre del Mundo" - "Equilibrio" - "Armonía" - y Perfección" - o usando palabras de discordia - desarmoniosas - destructivas- generadas por el odio contra el odio, de la naturaleza sensoria animal humana de instintos primitivos, recibiendo cada ser humano, en su cuerpo - y mundo que le concierne, los Efectos de las "Causas" -

generadas por el mismo, a través de sus "Poderes Creadores" . Los "Pensamientos y Sentimientos" que transmite en sus "Palabras" El Verbo.

Los "Centros de la "Garganta" y del "Plexo Solar" están relacionados, y cuando están controlados por la Voluntad Superior del Intelecto del Individuo se mantienen en Armonía. Así las "Energías de ambos convergen en el "Altar del Corazón" El Lugar Secreto del Dios Viviente" - generando el Individuo, una Comunicación - "Armoniosa" - Constructiva - "del Amor Divino".

Cuando alguno de los dos están afectados por falta de la "Maestría" del Auto-Control" de la discordia en los sentimientos, generada por la naturaleza sensoria animal humana de instintos primitivos, el ser humano transforma al "Espíritu Santo" - Madre - Sentimientos - Puros de Amor Divino - en Espíritu rastrero - destructivo - que se volca contra su creador, destruyéndolo, a él - su familia y bienes materiales.

Los Poderes Creadores de "La Mente Universal Infinita y Viviente" de Dios "Padre - Madre" - Los "Pensamientos y Sentimientos", expresándose a través de la "Mente del Individuo, se generan en estos "Dos Centros" - En la Garganta - - La Palabra - El Verbo - "El "Pensamiento" "Hablado" - y en el "Plexo Solar" - Los "Sentimientos" - que grabamos en el Cuerpo Etérico", en el Altar del Corazón - donde existen capas del "Subsconsciente y Supraconsciente" Los "Dos Grandes Elementos de "La

Naturaleza de "Dios Padre" - "La Madre del Mundo, de donde nace todo lo "Viviente". En donde Vivimos - Nos Movemos - y Tenemos nuestro Verdadero - Ser - El Yo Cristico hecho a "Imagen y Semejanza de "Dios Padre - Madre". Masculino y Femenino, a nivel "Mental Espiritual Interno" que no se ha llegado a desarrollar, dentro de la "Cámara Central del Altar del Corazón, por el mal uso del "Libre Albedrío" que se nos dio, en la "Voluntad para Decidir" y en la "Fe" - para "Creer" o Aceptar, lo que nos convenga tener manifestado, en nuestro "Cuerpo y Mundo" que nos concierne.

Al unir los "Dos Grandes Elementos de "La Naturaleza de Dios Padre - dentro del "Altar del Corazón" - La Voluntad y La Imaginación Creadora - Generamos la Sabiduría Divina - Nuestro Cuerpo Mental Superior Interno" - que nos Ilumina de toda "Cosa Buena y Perfecta, y nos da la solución a todos nuestros problemas".

El controlar el "Plexo Solar", en la boca del estómago, requiriere la Maestría del "Auto - Control" de la discordia en los Sentimientos, llegando a mantener con la Voluntad Auto-Consciente, dentro del Fuego Sagrado, en el "Altar del Corazón. El Lugar Secreto del Dios Viviente" a los Sentimientos Armonizados a toda costa para que Gobierne "La Voluntad de Dios Padre sobre el Intelecto - (Entrega del Libre Albedrío que se nos dio, en el Intelecto que representa al Padre).

Para limpiar "El Centro del Plexo Solar, cuando sintamos - ansiedad - angustia - dudas - miedos - cólera - agresividad - discordia en los sentimientos. Es el aviso de que tú "Plexo Solar ha sido afectado".

Afirmad con la Atención en la boca del estómago - con los tres dedos como El Amado "JESÚS EL CRISTO" - nos enseña y el índice y anular, escondido hacia el centro de la mano derecha puesta en la boca del estómago - y en igual forma la mano izquierda, en el centro cardíaco, en el pecho "El Mantra de Saint Germain" - para los Hombres o Yo de la "Era de Acuario" - del "Tercer Milenio".

"YO SOY" EN LA BOCA DEL ESTÓMAGO - EN MI PLEXO SOLAR"
UN SER DE FUEGO VIOLETA"

"YO SOY" EN LA BOCA DEL ESTÓMAGO - EN MI PLEXO SOLAR - LA PUREZA QUE DIOS DESEA"
(7 veces)
"ESTO FUNCIONA"

"Visualiza y Siente" - en tu "Plexo Solar" - un Disco - de "Luz - Blanca - con tonos de 10 Pétalos de Luz - Amarillo Metálico y Rosado Intenso - formando - La Llama "Oro-Rubí" de: Paz - Gracia - Curación y Suministro Divino - Espiritual - Mental y Material-

El Genio que preside allí, es, el Amado Maestro Ascendido: "Juan El Místico - El Discípulo que apoyó "su" cabeza en el pecho del Amado "Jesús" Director del 6° Rayo - "Oro - Rubí"-.

Con la Atención en la boca del Estómago - y las manos en igual posición - Afirmad.

"YO ESTOY SATISFECHO CON MI SUBSTANCIA DIVINA"
"YO BENDIGO MI SUBSTANCIA DIVINA"

LA SUBSTANCIA DIVINA ES INFINITA Y NUNCA SE AGOTA. Y ES DE DONDE NOS VIENEN TODAS LAS RIQUEZAS VISIBLES.

LA SUBSTANCIA DIVINA QUITA LA FATIGA DE MI CUERPO - RENUEVA MIS TEJIDOS - RESTAURA MIS ENERGÍAS - Y PROSPERAN MIS NEGOCIOS EMPRESAS Y FINANZAS.

TODO DESEO DE MI ALMA Y TODA NECESIDAD DE MI PARTE FÍSICA ESTÁN LLENAS.

YO BENDIGO MI SUBSTANCIA DIVINA (7 VECES)   Gracias - Así Sea

Este "Centro del "Plexo Solar" está estrechamente unido al Alma. Por consiguiente si mantienes la "Maestría" del "Auto - Control de la discordia en los "Sentimientos, estarás en contacto, con vuestros "Verdaderos Sentimientos de "Puro Amor Divino" o Espíritu Santo - Agradando al

"Deseo Puro" de vuestro "YO - DIOS - Divino Interior, anclado dentro del Altar de tu Corazón" - El Lugar Secreto del "Dios Viviente. En La Llama Trina Inmortal de la Eterna Vida" - Siendo por esta "Causa" - que el "Auto-Control de la discordia en tus Sentimientos. Es el "Supremo Secreto" - de la Perfecta dicha - llamada felicidad - en todos los aspectos de nuestra "Vida y Mundo".

"EL TERCER OJO"

"EL OJO INTERIOR DE LA MENTE CRISTICA - INFINITA Y VIVIENTE DE "DIOS PADRE - MADRE - EXPRESÁNDOSE EN LA MENTE DEL INDIVIDUO"

Ascendiendo del "Altar del Corazón" "El Lugar Secreto del Dios Viviente" - Se encuentra - El Centro del Tercer Ojo" - en el entrecejo encima de los Ojos ...En su estado óptimo posee 96 Pétalos de "Luz Blanca - Verde Esmeralda - .Este "Centro" nos ayuda, a liberarnos de las efluvias, de la naturaleza sensoria animal humana de instintos primitivos, - que genera y transmite en las palabras destructivas, el odio contra el odio y secuaces.

El amado "JESÚS EL CRISTO" se refiere a este "Centro". Cuando nos Dice: LA LAMPARA DEL CUERPO ES EL OJO" "ASÍ QUE SI TU OJO FUERE SINCERO"- TODO TU CUERPO SERÁ LUMINOSO".

Hoy día vivimos en un mundo de relatividad, y no vemos y manifestamos " La Perfección del Bien - de nuestro "YO - DIOS Divino Interior".

Cuando ocurrió la caída del hombre - intelecto - Elemento Mental Masculino Transmisor - Voluntad - y la mujer Femenino - Receptor - Imaginación - Cuando comieron o aceptaron de la fruta del árbol prohibido del conocimiento, del Bien y del mal relativos. El hombre - intelecto, cayó en un estado de dualidad y se quedó dormido, Con el "Atributo de Dios "De "La Voluntad - Fortaleza y Fe", siendo esto la propensión que tiene el "hombre - intelecto" de ver el Bien y el mal, como cualidades relativas.

La evolución de la humanidad, no comenzó, con los seres humanos de las cavernas, sino, que las almas de los seres humanos, descendió a ese estado animal, por haber descuidado su "Devoción al "Fuego Sagrado del "Espíritu Divino" dentro del "Altar del Corazón - "El Lugar Secreto del "Dios Viviente".

Habiendo usado mal "El Libre Albedrío" - en su Voluntad, haciendo mal uso de los "Centros del "Poder del Verbo" - en la garganta - La Palabra - "Pensamiento" - Hablado - y del "Centro en la boca del estómago - "Plexo Solar" donde generamos, los "Sentimientos" y del Centro del Tercer OJO" - donde Creamos las Imágenes Mentales". El hombre - Yo - intelecto - que representa al Padre" - cayó en el oscurantismo, con sus cuatro cuerpos: físico - emocional - mental y Etérico, donde se quedó dormido.

Desde entonces, el ser humano, no ha podido conseguir recobrar la plenitud de sus facultades "Superiores Innatas". Nos encontramos encarnados, en "La Era de Acuario - del Tercer Milenio, "Era de Luz para el Planeta y sus habitantes, en una Transición - pasando de la naturaleza sensoria animal humana de instintos primitivos - a "La Verdadera Naturaleza de Dios Padre - "Amor Divino" - Equilibrio - Armonía y

Perfección" y podamos liberarnos para siempre, del dolor y sufrimiento humano y todas sus limitaciones y frustraciones generadas por la naturaleza sensoria animal humana de instintos primitivos que genera el odio contra el odio y sus secuaces.

A continuación afirma EL MANTRA DE SAINT GERMAIN PARA LIMPIAR - TU TERCER OJO.

1. YO SOY - EN MI TERCER OJO UN SER DE FUEGO VIOLETA"

2. YO SOY- "EN MI TERCER OJO LA PUREZA QUE DIOS DESEA (7 veces - ambos)

Y luego - Invocando al Amado Maestro Ascendido "HILARION - y La Dios de la Verdad -
Afirmad:

"YO SOY - " YO SOY" - YO SOY"
EL QUE ESTA CONTEMPLADO TODO, MI OJO, ES CON TU VISION UNIVERSAL - TE INVOCO - SURGE Y FLUYE Y LIBÉRANOS - PARA QUE YO SEA - TU SANTA IMAGEN"

"Gracias - Así Sea"

EL CENTRO CORONARIO - O REGION DE LA MENTE CRISTICA"

El Centro Coronario, encima de la cabeza, es el foco mal alto, de Energía - Substancia - Luz, en Vibración del "Cuerpo Templo del Individuo. Es de color "Dorado - Blanco" y en su estado óptimo posee 972 Pétalos de Luz - Dorada - Blanca".

Por el tope de la cabeza penetra "El Poderoso Cordón Cristalino" - de "Luz Blanca de "La Pureza - Resurrección y Ascensión" - que viene del "Corazón de la Todapoderosa Presencia de Dios Individualizado "YO SOY" - ubicado en su mayor parte de "Energía - Substancia - Luz encima de la cabeza - anclándose dentro del "Altar del Corazón" "El Lugar Secreto del "Dios Viviente Interior de cada Individuo, para alimentar el latido del corazón y a los "Cuatro Cuerpos que forman al "Ser Humano": Físico - Emocional - Mental y Etérico" - en Correspondencia con los "Cuatro Elementos de la Naturaleza: Tierra - Agua - Aire y Fuego".

La LUZ DORADA - BLANCA: es la "LUZ del "Dios Divino - Interior de cada Individuo - que ilumina a todo "Hombre - Intelecto de toda "Cosa Buena y Perfecta" - que viene a este Mundo.

Uno debe "Sentirla" llenando las Células del Cerebro - La Consciencia - (Pensamientos y Sentimientos) - El Cuerpo y nuestro Mundo. Y no existe un "Ser Humano" que no tenga algo de esta "Luz Dorada", dentro de su "Mente y Cuerpo".

Los Individuos sinceros deben "Meditar" frecuentemente, en este "Centro Coronario" o "Región de "La Mente Crística", la acción perfecta de "La Luz Dorada - Blanca girando en óptimas condiciones, en sus 972 Pétalos de "Luz Dorada - Blanca". Y Verla y Sentirla que está llenando todas las Células del Cerebro - El Cuerpo y nuestro Mundo. Ya que "La Luz Dorada - Blanca" - Iluminará y Enseñará, al Intelecto del Individuo, de toda cosa Buena y Perfecta.

Cuando se está MEDITANDO" con la "Atención del Pensamiento" - sostenido por la "Voluntad" Consciente del Individuo, en "El Centro Coronario" o, Región de "La Mente de "Dios en el YO Cristico" con un "SOL DORADO - BLANCO" - girado en óptimas condiciones con sus 972 Pétalos de "Luz Dorada Blanca". Y nos hacemos Conscientes que por el tope de la cabeza penetra el "Poderoso Cordón Cristalino; viniendo del "Gran Origen de la Creación "La Todapoderosa Presencia de Dios Individualizado "YO SOY" El que " YO SOY" "EL TODO EN TODO". La puerta del Alma" se "Abre" a la "Actividad de - LA PURA LUZ BLANCA" - que se enrolla como un cinturón más abajo del "Plexo Solar" cegando para siempre, las actividades de la naturaleza sensoria animal humana de instintos primitivos - que genera el odio contra el odio y sus secuaces.

Esto permite a su "Alma" lanzarse a su "Completa Actividad Divina" Unida de nuevo con "La Perfección de Su "YO - Dios" - Divino Interior" Su Verdadero Origen" y podrá Decretar:

"YO CREACION DE DIOS - "YO SOY" - HIJO DE DIOS PERFECTO".

Para la limpieza de tu Centro Coronario - Afirma - El Poderoso Mantra del "Amado Maestro "Saint Germaín"-

Con la atención encima de la cabeza en el Centro coronario afirma:

1. "YO SOY" EN MI CENTRO CORONARIO - O REGION DE LA MENTE CRISTICIA UN SER DE FUEGO VIOLETA

2. "YO SOY" EN MI CENTRO CORONARIO O REGION DE LA MENTE CRISTICA, LA PUREZA QUE DIOS DESEA".

(7 veces los dos

COMO VISUALIZAR Y PRECIPITAR -
Por el Amado Maestro Ascendido
"Saint Germaín"

"La Verdadera Visualización" Es el "Atributo y Poder" de "La Visión de Dios", actuando en la Mente del Hombre - Intelecto".

Cuando uno "Visualiza Conscientemente", en su Mente un "Deseo" que quiere plasmar, esta usando uno de los "Medios" más "poderosos" para traerlo a la "Manifestación a la experiencia - Visible - Tangible".

No existe forma alguna que no haya sido mantenida "Conscientemente, a manera de un "Retrato" en la "Mente" de alguien, - ya que todo el "Pensamiento" contiene un "Retrato" de la "Idea" contenida en el. Aun el "Pensamiento" Astracto contiene un "Cuadro" por lo menos una "Imagen" que contiene el "Concepto Mental" de la "Idea".

TE VOY A DAR UN EJERCICIO POR MEDIO DEL CUAL SE PUEDE DESARROLLAR - CONTROLAR CONSCIENTEMENTE Y DIRIGIR LAS PROPIAS ACTIVIDADES VISUALIZANTES PARA OBTENER RESULTADOS DEFINIDOS.

Doy varios pasos en el proceso, que cada estudiante puede usar en cualquier momento.

Esta práctica, cuando es aplicada; trae resultados "Tangibles - Visibles".

<u>El Primer Paso</u> - Es "Determinar" - Decidir con "La Voluntad del "YO DIOS - Divino Interior - dentro de la Cámara Central "del Altar de tu Corazón" - Lo que se "Desea en los "Sentimientos" Manifestar en lo Físico.

El uso implica, el cumplimiento de "La Gran Ley de Servicio".

El "Deseo en los "Sentimientos, es la "Actividad Expansiva de Dios" a través de la cual, se mantiene la "Constante Manifestación". Es "La Perfección engrandeciéndose".

"Toma las Riendas" - y resuelve en tu "Voluntad Interior" - Disciplinar Conscientemente" a tu ser inferior Intelecto - El escoge lo que ha de permanecer y salir a tu mundo, a través del proceso de "Visualizar". En tu Mente - Diseñar y traer a la "Manifestación un "Plan Determinado de Vida".

<u>El Segundo Paso</u> - Es el de "decretar en las Palabras - El Verbo - tan claras y concisas como te sea posible - Escríbelo - En esta forma estarás grabando un "Registro de tu Deseo en el Mundo Físico - Exterior - Visible y Tangible.

El "Deseo Constructivo" Es la Actividad Expansiva de "Dios" a través del cual se mantiene la Constante manifestación.

"ES LA PERFECCION ENGRANDECIÉNDOSE".

Toma las riendas y resuelve - "Decide" en tu "Voluntad Interior" - Disciplinar Conscientemente - Gobernar Controlar - a tu naturaleza sensoria animal humana de instintos primitivos - que genera y transmite el odio contra el odio y sus secuaces - resentimientos - discordias - insultos - envidias - celos - crítica y mala condenación, al prójimo y a la "Vida manifestada por los "Cuatro Elementos de "La Naturaleza La Madre del Mundo - que es "Amor Divino " - Equilibrio - Armonía y Perfección: Invisibles y Visibles" - Tierra - Agua - Aire y Fuego - sin los cuales no existiría Vida manifestada en el Planeta.

El Intelecto - que representa al "Padre", es el que escoge, lo que ha de permanecer y salir a tu mundo, a través del proceso de "Visualizar en tu Mente" Diseñar y traer a la manifestación "UN PLAN DETERMINADO DE VIDA"

"JESÚS EL CRISTO" NOS REVELA - "Yo te sirvo como tu quieras que "Yo" te sirva" "Libre Albedrío"

El Tercer Paso -
Es el de cerrar los ojos - y llevar la Atención en el "Tercer Ojo- en el entrecejo encima de los Ojos - "El Ojo de la Mente Cristica Interior" - que posee en óptimas

condiciones - 96 Pétalos de "Luz Verde Esmeralda Brillante. Y Visualiza y Siente intensamente, dentro del Ojo Mental de tu Mente Cristica - una Imagen Mental del Pensamiento - de tu Deseo en su perfecta condición de actividad perfectamente terminada - viéndote gozando - por lo que ya tienes manifestado - siente intensamente y da gracias porque ya lo tienes manifestado.

Contempla el hecho - de que tu habilidad de "Crear y Ver" un "Cuadro Mental" dentro de tu propia "Consciencia" - (Pensamientos y Sentimientos) es el Atributo Divino del Amado ELOHIM CICLOPEA Vista "El Ojo todo avisor de Dios Para la Tierra - Actuando en tu Mente.

LA ACTIVIDAD DE "VER Y EL PODER DE CREAR" - SON ATRIBUTOS DE TU "YO - DIOS DIVINO INTERIOR - ANCLADO EN LA CÁMARA CENTRAL DEL ALTAR DE TU CORAZÓN - EL CUAL TU NO CONOCES Y "SIENTES EN TI EN TODO MOMENTO.

"La Vida y Poder de Dios". Están actuando dentro de tu "Consciencia" (Pensamientos y Sentimientos) para Impulsar hacia fuera al Mundo Exterior - el Cuadro Mental que tu estas Viendo y sintiendo dentro de tu Mente".

Sigue "Recordándole" a tu Mente Intelecto - que la "Habilidad de Visualizar ES UN ATRIBUTO DIVINO DE DIOS. EL ATRIBUTO DEL AMADO ELOHIM CYCLOPEA VISTA - EL PODER DE SENTIR

EXPERIMENTAR Y ASOCIAR CON EL CUADRO MENTAL - YA PERFECCIONADO EN SU MANIFESTACIÓN EN TU VIDA Y MUNDO, ES EL GRAN PODER DE DIOS" - LA SUBSTANCIA QUE ES USADA EN EL MUNDO EXTERIOR PARA FORMAR TU CUADRO MENTAL - "TU PLAN O DESEO" ES LA SUBSTANCIA DE DIOS.

ENTONCES "YO SE" - QUE DIOS ES EL HACEDOR - LA ACCIÓN - Y EL HECHO DE TODA FORMA Y ACCIÓN CONSTRUCTIVA QUE HAYA SIDO LANZADA AL MUNDO FÍSICO.

Por "ninguna circunstancia" debes comentar tu "Deseo o Plan" o tu Visualización con persona alguna.

"Esto es imperativo e importante -

No lo converses contigo mismo - ni en voz alta - ni en susurro - ya que tu debes "Comprender" que cuanto mayor sea la cantidad de "Energía generada y acumulada por tu "Visualización" Tu Sentimiento Intenso y la Realidad de tu Cuerpo Mental - tanto más Rápidamente saldrá a tu Experiencia Exterior.

Miles de Deseos - Ambiciones e Ideales hubieran sido manifestados si los Individuos no lo hubiesen comentado con "<u>Familiares</u> - Amigos - o Personas Extrañas".

Cuando tu "Decides en tu Voluntad" demostrar una experiencia por la Vía de la Visualización Conscientemente dirigida por tu Voluntad - Tu te conviertes en Ley - "Dios y Solamente Dios dentro de la "Cámara Central del Altar del Corazón - la Presencia del Dios Divino Interior de cada Individuo - como el Único Dueño Dador y Hacedor de Todo Bien, que pueda entrar en tu "Vida y Mundo". Te conviertes en la "Ley del Uno" - para quien no hay oposición.

Tu tienes que formular tu propia "Decisión" en tu Voluntad Interior y apoyar tu propio "Decreto" con toda la "Fuerza de tu Voluntad" - "Esto significa que no debes "Vacilar o Dudar" para esto debes "Saber y Sentir intensamente - que es "Dios" quien está "Deseando - Sintiendo - Controlando y Manifestando "Todo lo que se refiere a tu "Deseo" en tu Visualización - "Esto es La Ley del Uno - Dios y únicamente "Dios".

Hasta que esto no sea "Comprendido Plenamente, jamás podrás obtener las manifestaciones "Deseadas" ya que en el mismo instante que entra el elemento humano - lo estarás sacando de "La Mano de Dios" - y por supuesto no puedes expresar a Dios - ya que lo "NEUTRALIZAS" con las cualidades humanas - de tiempo - espacio - lugar y mil condiciones imaginarias no reconocidas por "Dios".

Nadie podrá "Conocer a Dios" mientras considere una "Fuerza opuesta" a "EL" - ya que en el momento en que reconozcas que "Dos Fuerzas pueden actuar al mismo tiempo, estarás "NEUTRALIZANDO" la acción de Dios".

Cuando se manifiesta una "NEUTRALIZACION" no se obtiene nada cuando se "Reconoce a "Dios" "El Uno se obtiene la Perfección Deseada manifestada instantáneamente - ya que no hay nada que se "Oponga o lo Neutralice" - No hay el elemento tiempo - así es que se establece la manifestación instantánea - (o como lo expresa "La Biblia" - No hay nada que se oponga a lo Decretado por Dios".

No podrán jamás mejorar las condiciones de aquel que Desea la Perfección de Dios - en sus "Vidas y Mundo" - mientras siga reconociendo un Poder contrario al de Dios - o que hay algo dentro o fuera de sí mismo que pueda impedir que se exprese. La Perfección de Dios Deseada. El mero conocimiento de alguna condición que pueda expresar menos que Dios implica la deliberada acción de una condición imperfecta; y eso es lo que se "Llama "<u>LA CAIDA DEL HOMBRE</u>". Esto es deliberado e intencional porque el "Hombre - Intelecto" - es "Libre en todo momento de "Pensar" lo que el quiera "Pensar". Y a propósito no se requiere más "Energía" Pensar La Perfección" que pensar la imperfección.

Tu eres el "Creador Localizado" para "Diseñar y Crear La Perfección" en tu Mundo y tu sitio en "El Universo".

Si Deseas expresar La Perfección y "El Dominio" - Debes Saber y Reconocer "Unicamente "La Ley del Uno".

Dios y solamente Dios" - como el "Único Dueño - Dador y Hacedor - dentro de la Cámara Central del Altar de tu Corazón - de todo Bien que pueda entrar en tu Vida y Mundo.

El Uno - Existe y Controla Todo Completamente en todas partes del Universo. Tu Eres La Vida Auto-consciente - tu Eres la Única Suprema Presencia de la "Gran Llama de "Amor y "Luz "Tu Eres - Únicamente Eres el que Escoge y Decreta" las Cualidades y las formas que Desear Vaciar en tu Vida - pues tu Eres El Único Energizador de tu Mundo y todo lo que Contiene - Cuando Tu "Piensas y Sientes" una parte de tu Energía - Substancia - "Luz de la Vida, sale a sostener tu creación - Saca pues de tu Intelecto - (Cerebro) toda "duda y temor" de que pueda no cumplirse y manifestarse aquello que estas "Desando o Visualizando" - Si acatas tales pensamientos que después de todo no son sino emanaciones de la naturaleza sensoria animal humana de instintos primitivos - del odio contra el odio y sus secuaces - y que no contienen vida propia - de la Perfección de Dios - si logran entrar en tu Alma o Consciencia - (Pensamientos y Sentimientos) debes remplazarlos instantáneamente por el pleno reconocimiento de que tu Ser - o YO Dios Divino Interior "Tu Mundo - son la "Vida de Dios" el Uno - de allí en adelante no te preocupes más - excepto cuando te pongas a "Visualizar" - tu Deseo o Cuadro Mental en Tú Tercer Ojo - u el Ojo de la Mente Crística Interior - de Tú - Yo - Dios - Divino Interior.

No declares un tiempo o momento determinado para la realización de tu Deseo, ni los canales por donde se manifestará Lo que Existe es el Ahora - El Momento - Inmediato - toma esta Disciplina - úsala - y te verás manifestando un "Poder en Acción" sin, resistencia alguna que no puede fallar - ni jamás ha fallado.

Recuerda siempre, que "Tu Eres Dios Visualizando" - Tu Eres la Inteligencia Divina Dirigiendo" - Tu Eres el Poder de Dios Impulsándolo en lo físico - tu Substancia - es la Substancia de Dios" en Acción - Manifestándolo.

Cuando tu Realizas Esto, y lo Contemplas a menudo - "Todo el Universo acude a Cumplir tu Deseo - Tu Mandato - Tu Cuadro Mental - Ya que es "Todo constructivo - Y de acuerdo con el "Plan Divino Original de la Vida "Auto Consciente" - de Dios - Padre - Madre.

Si el lado Humano Intelecto" Nuestro se pone Verdaderamente de acuerdo con el "Plan Divino" y lo Acepta - No puede existir tardanza - ni fracaso - ya que toda Energía posee la Cualidad Inherente de la Perfección Deseada, dentro de ella y acude a Servir a su Creador.

"La Perfección es la "Única Predestinación que Existe"

Cuando tu Deseo por un mejor Bien en tu Vida y Mundo - son Constructivos - "Tu eres Dios Contemplando" y visualizando Su Propio Proyecto - Cuando Dios Ve, es un Decreto Irrevocable - o un Mandato de aparecer en lo físico - en la Creación de este Sistema de Mundos".

Dios Dijo: Hágase La Luz y La Luz Apareció" No tardó Eones en crear La Luz" El mismo Magno Dios, está en ti ahora - Cuando tu Ves y Hablas - Es su Atributo de Visión y Voz - la que está actuando en ti y a través de ti".

Si tu logras comprender lo que esto significa - puedes Ordenar en el "Nombre de su Pleno Poder y Autoridad - ya que Tu Eres "Su Consciencia Vital. - En Tus "Pensamientos y Sentimientos - (Palabras) - El Verbo.

Es únicamente la "Consciencia del Ser" - en Tu Vida - La que puede "Ordenar - Visualizar - Desear - un Plan Perfecto - "Todo Proyecto o Plan es de Dios - de manera que tu sabes que Dios está Actuando- Ordenando - que esto sea Cumplido Ahora" y se Cumple".

Gracias Amado Saint Germaín"

"Así Sea"